Светлана Шушкевич

Целина

Светлана Шушкевич

Целина

Рассказы

Just a Life

Impressum / Выходные данные
Bibliografische Information der Deutschen Nationalbibliothek: Die Deutsche Nationalbibliothek verzeichnet diese Publikation in der Deutschen Nationalbibliografie; detaillierte bibliografische Daten sind im Internet über http://dnb.d-nb.de abrufbar.
Alle in diesem Buch genannten Marken und Produktnamen unterliegen warenzeichen-, marken- oder patentrechtlichem Schutz bzw. sind Warenzeichen oder eingetragene Warenzeichen der jeweiligen Inhaber. Die Wiedergabe von Marken, Produktnamen, Gebrauchsnamen, Handelsnamen, Warenbezeichnungen u.s.w. in diesem Werk berechtigt auch ohne besondere Kennzeichnung nicht zu der Annahme, dass solche Namen im Sinne der Warenzeichen- und Markenschutzgesetzgebung als frei zu betrachten wären und daher von jedermann benutzt werden dürften.

Библиографическая информация, изданная Немецкой Национальной Библиотекой. Немецкая Национальная Библиотека включает данную публикацию в Немецкий Книжный Каталог; с подробными библиографическими данными можно ознакомиться в Интернете по адресу http://dnb.d-nb.de.
Любые названия марок и брендов, упомянутые в этой книге, принадлежат торговой марке, бренду или запатентованы и являются брендами соответствующих правообладателей. Использование названий брендов, названий товаров, торговых марок, описаний товаров, общих имён, и т.д. даже без точного упоминания в этой работе не является основанием того, что данные названия можно считать незарегистрированными под каким-либо брендом и не защищены законом о брендах и их можно использовать всем без ограничений.

Coverbild / Изображение на обложке предоставлено: www.ingimage.com

Verlag / Издатель:
Just A Life
ist ein Imprint der / является торговой маркой
OmniScriptum GmbH & Co. KG
Heinrich-Böcking-Str. 6-8, 66121 Saarbrücken, Deutschland / Германия
Email / электронная почта: info@just-a-life.ru

Herstellung: siehe letzte Seite /
Напечатано: см. последнюю страницу
ISBN: 978-3-639-78049-9

Copyright / АВТОРСКОЕ ПРАВО © 2015 OmniScriptum GmbH & Co. KG
Alle Rechte vorbehalten. / Все права защищены. Saarbrücken 2015

Светлана Шушкевич

Рассказы

ЦЕЛИНА

Глава 1

Мое повествование посвящается моим землякам, ныне живущим, а особенно тем, кого давно уже нет, но они живы, пока мы о них помним. Я посвящаю рассказ той особой группе людей, той особой нации под названием КАЗАХСТАНЦЫ. Не могу не любить эту породу людей, потому что отношусь к ней, потому что таких людей становится все меньше и меньше. В своем рассказе буду описывать свои ощущения, переживания, не ориентируясь на «политику партии».

Родилась я в мае 1969 года, в городе Петропавловске Северо-Казахстанской области. Название города говорит само за себя. При царе казаки охраняли рубежи нашей родины от набегов кочевников. Есть роман Ивана Шухова под названием «Пресновские станицы». В этом романе Иван Шухов подробно описывает жизнь казаков. Правда произведение это в России не получило большого признания, а жаль, очень хороший роман. Волею судьбы в декабре 1975 года мою семью занесло в степной совхоз с многоговорящим названием «Братский». Мне тогда было всего 6 лет. Отца назначили парторгом, и мы вынуждены были поменять место жительства. Сегодняшняя молодежь, наверное, плохо представляет, что это за должность такая - парторг. Постараюсь объяснить, как я сама это понимаю. Это представитель Коммунистической партии, который отвечает за идеологию, за наши мысли и думы. Отец, как и мама, были настоящими коммунистами. Это была своего рода их вера в светлое будущее, в торжество справедливости.

Совхоз «Братский» находился в степи, но не совсем, его окружали небольшие лески, как мы их называли, березовые околки. Березки с самого рождения вынуждены были выживать в суровом климате, обдуваемые всеми ветрами, поэтому они вырастали кривыми, причудливо изогнутыми. Редко какой березке удавалось спрятаться среди своих уродливых сестер и расти, расти навстречу солнцу, широко разбрасывая свои ветви, держа осанку балерины. По таким красавицам мы любили лазить в детстве. Залезешь высоко, пока ветки держат твой вес, и любуешься панорамой, а еще больше гордишься собой, что не струсил, не остановился на полпути. Часто мы залазили очень высоко на спор, кто выше. Удивляюсь, что никто не упал и не разбился.

А еще в нашем лесу был родник, мы все время старались поддерживать чистоту, но взрослые мальчишки постоянно забрасывали его мусором. Я все время мечтала, что когда вырасту, приведу родник в порядок, а болотце, образованное родником превращу в шикарный пруд.

Мы дети, которые выросли на воле, знаем цену свободе. Именно мы умеем видеть и понимать красоту наших бескрайних степей. Именно мы знаем, сколько тайн хранит наша степь. Она абсолютно разная. Это люди, которые приезжали к нам, считали степь однообразно унылой, но не мы. Зимой выходишь на лыжах и слепнешь от искристого белого снега. А потом делаешь один шаг, второй, третий навстречу бескрайней белой пустыне, вдыхая чистый морозный воздух. И все, ты во власти этой стихии, щеки горят от мороза, но все тело согревается от движения. Мышцы работают в полную силу молодого здорового организма. Вот балка, ты съезжаешь, не уменьшая скорости, ветер свистит в ушах. Но ты счастлив в это момент, потому что молод, полон сил, энергии. И СВОБОДА, СВОБОДА, именно эти ощущения дают бескрайние степные просторы.

Время идет, приходит весна, наступает пора примерить Матушке-степи красивый весенний наряд. И прежде чем его одеть, она долго сопротивляется, не хочет расставаться с пушистой нарядной белой шубкой, расшитой бисером. Но, увы, законы природы никто не отменял. Шубка сереет, становится все тоньше и тоньше. Появляются проталины, весело бегут ручьи. А вы знаете, что ручьи тоже поют, причем на разные голоса? Маленький ручеек поет нежным голоском, как колокольчик. Он радуется, что бежит куда-то, и ему невдомек, что век его очень короткий.

Если еще издалека слышен грохот, то это большой ручей, в нем всегда грязная темная вода, он сердится и поэтому так устрашающе рычит. Такой ручей поет грубым басом свои невеселые песни, аж до середины лета, пока не иссякнет.

Солнышко с каждым днем пригревает все сильнее. И на проталинах начинают появляться первые зеленые росточки, несмелые, слабенькие, испуганные, они тянутся к солнышку. Их то мороз морозит, то засыпает поздний снег, то ветром обдувает, но они настырно тянуться к солнцу, пробивая себе дорогу в мерзлой земле. И происходит чудо. Степь меняется на глазах, одеваясь в красивое зеленое платье, расписанное подснежниками, тюльпанами и другими цветами. Жаворонки взмывают высоко в небо и поют свои дифирамбы красавице СТЕПИ.

Выходишь весной в степь, вдыхаешь аромат трав, ветерок треплет волосы. И тебе кажется, что ты становишься невесомым, и как жаворонки, взлетаешь в небо, и орешь песни, понятные только тебе самому, стремительно поднимаясь вверх, или так же стремительно падая вниз.

К лету платье Матушки-степи приобретает равномерный зеленый спокойный окрас, с некоей рыжинкой выгоревшей на солнце травы. Все лето степь греется на солнышке, иногда задыхаясь от палящего зноя. И к осени зеленое платье выгорает, становится серо-рыжим. Но и оно ей к лицу.

Глава 2

Детство – прекрасная пора. Помню свои первые ощущения от знакомства с природой, меня интересовало все: цветочки, листочки, букашки. Часами я могла наблюдать за муравьями, удивляясь, зачем они пыжатся, стараются из последних сил дотащить до муравейника либо огромную букашку, либо еще что-то. Своим детским умом я не понимала, что это великие труженики, которые трудятся день и ночь, чтобы сделать запасы на зиму. Когда мне было лет шесть, мальчишки показали, как муравьи «отдают сок». Коротко опишу этот процесс: берем тоненькую веточку, обильно слюнявим ее, и аккуратно кладем в муравейник. Муравьи тут же облепляют веточку. А мы сидим, приговариваем: «Муравей, муравей дай мне сока, а жадному гороха». Если дольше подождать, то «сока» получается больше.

Но терпения мне никогда не хватало, я выхватывала веточку из муравейника, стряхивая муравьев. К сожалению, они и не собирались стряхиваться, из последних сил цепляясь за веточку. Чтобы снять муравьев, приходилось веточку сильно трясти, муравьи падали, не удержавшись. И вот оно желанное лакомство! Я быстро облизывала веточку. На вкус она была кисло-сладкой.

Каждый раз, встречая муравьев на своем пути, все время куда-то спешащих, я старалась не нарушать заведённый ими порядок. Поэтому аккуратно переступала через них или отходила в сторону, стараясь не наступать на маленьких тружеников леса.

Не могу не рассказать про облака моего детства. Большие и не очень, белые и не очень. Они величественно проплывали по голубому небу, подставляя свои бока яркому казахстанскому солнцу. В детстве я часами наблюдала за облаками, как они меняли свою причудливую форму. Мне казалось, что там, на облаках живут сказочные принцы, принцессы, феи, волшебники, что там, на облаках стоят сказочные замки. Мое воображение рисовало нереальные картины жизни на облаках. Там в своих фантазиях, я могла перемещаться по воздуху, носила необыкновенно красивые наряды и была очень храброй девочкой. В этом необыкновенном сказочном мире добро всегда побеждало зло.

Говорят, что наше воображение рисует часто не реальный мир, но я то, знаю, что тот мир фантазий для меня и сейчас иногда более реальный, чем наш мир. В том мире можно все исправить, черное превратить в белое, победить зло, тем миром всегда правит любовь, он прекрасен, насыщен яркими красками, чего не скажешь о нашей реальности.

Это только малая часть развлечений моего детства. Сегодня поколение, которое все детство проводит в виртуальном мире, играя в какие-то жуткие компьютерные игры, суть которых: море крови и человеческого мяса, теряет связь с природой, и это плохо. События в мире показывают, что никто не застрахован от возврата к началу отчета. И выживут только те, кто не потерял связь с природой, кто быстро перестроил свой быт согласно сложившимся условиям. Остальные будут обречены на гибель – таков закон естественного отбора.

Глава 3

Целина! Для многих это просто слово, а для нас детей и внуков первоцелинников это образ жизни. Сейчас в стране такое засилье безнравственности и разобщенности, что на сердце уже не осталось живого места от боли за когда-то великую державу. С годами я все больше и больше горжусь тем, что родилась и выросла в СССР, и как оказалось, что нет у меня другой страны. Новая Россия мне чужда, это страшный уродец, обрубленный и кровоточащий со всех сторон. Мне больно за страну, за людей. Где та духовность, которая всегда отличала нас русских. Где те герои, которые в одиночку делали вызов врагу, заставляя врага приклоняться перед их мужеством. Мы всегда сильны были в единстве. Коллективизм это наша сила. Нас разобщили, и каков результат: люди, как грызуны, разбежались по своим норам за железными дверями и железными решетками, несчастные, думающие только о том, где бы еще заработать или украсть.

Я все время надеюсь, что этот кошмар закончится когда-нибудь. Никто меня не убедит в правильности того, что происходит в стране. Одни нищают, другие за счет них богатеют. Не должно быть так. Наша страна поставила на себе кровавый опыт, показав, как надо жить и куда стремиться. И в угоду нескольким властным и амбициозным политикам, страну развалили, нарушили баланс в мире, перессорили друг с другом. Кто ответит за тот развал, который учинили в стране, за растление умов малолетних детей и подростков, за рост преступности и наркомании, за детей, погибших в Чечне, за Украину. Сейчас мы вернулись во времена крепостного права. Сколько лизоблюдов и лакеев взрастили в последние годы! А кто ответит за моих земляков, которые вынуждены выживать в жестких условиях России, которые нигде и никому не нужны? Нас в России, на так сказать, исторической родине никто не ждал. Сколько пожилых людей уже умерло в страданиях и тоске по Родине, их то точно нельзя было срывать с места. У меня в голове не укладывается то, что творится вокруг меня, но я искренне верю, что Россия воспрянет, станет сильной, и к ней потянуться остальные республики и страны.

Я рожденная и выросшая в СССР, не задумываясь, отдала бы свою жизнь за ту страну, а за эту нет. Защищать власть олигархов, которые даже на войне будут делать деньги, это мазохизм. Пусть «честно награбленное» защищают сами. Я поклялась, мои дети не будут пушечным мясом для этих толстосумов без родины и совести…

Так вот, совхоз «Братский» был организован в 1962 году на землях четырех уже действующих совхозов: «Айдарлинский», «Вильямс», «Железнодорожный», «Герцен». Я думаю, что это происходило так: собрались директора четырех совхозов врайисполкоме и решили, что их земли занимают большие площади, и чтобы добраться до некоторых бригад, нужно потратить много времени, а так же много топлива. Поэтому было принято решение, отдать дальние земли и на них организовать новый совхоз. Так вот или примерно так была решена судьба нашего совхоза. Мне рассказывали, что несколько тракторов выехали на место дислокации, везде бескрайние снежные поля, заблудились, ехали больше суток, хотя от райцентра по грейдеру мы доезжали до совхоза на автобусе за час.

Моя землячка и подруга Марина Гаан вспоминала, как их семья попала в «Братский». Она, еще маленькая девочка, приехала с родителями из Молдавии на Целину. Ехали в поезде несколько суток. Хмурым зимним утром приехали, на Богом забытую в степи, маленькую станцию «Челгаши». Вокруг, куда не глянь, сугробы, сильный ветер валил с ног, и продувал насквозь лёгкую одежонку. Мороз нещадно щипал нос, щеки. Люди, пытаясь укрыться от ветра, хватали свои пожитки и бежали к вокзалу. За вокзалом, на небольшой площади стояли автобусы, на каждом автобусе было написано название совхоза. Марина вспоминает, что подошли, сели в первый попавшимся автобус, и стали ждать, их было две семьи. Завели разговор между собой, выясняя, читал ли кто табличку на автобусе. Вылезли, прочитали название «Айдарлинский», им это название ни о чем не сказало, пошли читать дальше: «Вильямс», «Герцен», «Панфилово», «Ушаково», «Искра», «Железнодорожный», «Жекекольский», «Молодежный», «Братский», «Целинный». Ее родителям понравилось название «Братский», и было решено ехать в этот совхоз. Когда они пересели в автобус на «Братский», и остальные приехавшие новоселы тоже разместились по автобусам, их повезли по совхозам.

Кто жил в Казахстане в те годы, помнит наши дороги, вернее их отсутствие, а тем более, зимой. К каждому совхозу прокладывали грейдер, засыпали его гравием. Летом в сухую погоду можно было проехать по степи, в остальное время нужно было трястись по грейдеру, щедро посыпанному гравием. Пока доедешь, все внутренности вытрясет, особенно доставалось тем, кто сидел в конце автобуса, их не только трясло, а подкидывало до потолка.

Так как на улице был февраль месяц, грейдер основательно занесло снегом. На грейдере круглосуточно дежурил трактор, иначе нельзя было, ветер постоянно наметал снег, эти барханы на дорогах называли переметами. Иногда, автобус попадал в такие переметы, и люди выходили из автобуса, толкая его, или чистили дорогу лопатами. За зиму дорога превращалась в туннель. Людей эти трудности никогда не останавливали, они спокойно относились к суровым реалиям целины, а нам молодежи вообще все было нипочем. Мы с радостью подпрыгивали на заднем сидении, смеялись, шутили, выталкивали застрявший автобус.

Так вот, вновь прибывшие первоцелинники ехали в автобусе в сопровождении трактора «Кировец» часа два. В автобусе было прохладно, люди очень замерзли и устали.

Они тревожно вглядывались в бесконечную снежную равнину, пытаясь увидеть совхоз, понять, куда занесла их судьба, что их ждет в той новой неведомой жизни. Когда подъезжали к совхозу, уже стемнело, дома были занесены снегом до крыш, и в сумерках казались огромными снежными барханами, причудливой формы. Кое-где пробивался свет из не занесенных снегом, или очищенных окошек.

Люди очень устали, замерзли, всю дорогу они кутали и прижимали к себе детей. Всем хотелось раздеться, помыться, и выспаться в теплой постели.

Автобус приехал на первое отделение совхоза «Братский», и все стали выгружаться из него. Их встретили те, кто отвечал за размещение, а так же директор совхоза и парторг. К ночи людей разместили по квартирам. Уставшие переселенцы наконец-то смогли раздеться и осмотреться и осознать, все, что с ними произошло. Чтобы люди не приехали в холодные дома, дома предварительно протопили, поэтому, когда Марина и ее родители вошли в свое новое жилище, они сразу потянулись к печке, греться.

Вот, примерно так начиналась история нашего совхоза, затерянного в Тургайских степях.

Глава 4

Совхоз «Братский» находился в сорока пяти километрах от райцентра - поселка «Октябрьский». Почва в наших краях преимущественно глинистая. Поэтому в весеннюю и осеннюю распутицу, приходилось ездить по грейдеру, который все время засыпали гравием, иначе большегрузные машины, возившие зерно на элеватор, просто разбили бы дорогу так, что по ней даже танк не проехал бы.

Мы, молодежь, любили, садится на задние сидения автобуса, и прыгать на каждой кочке чуть ли не до потолка. Нам всю дорогу было так весело, что смех не прерывался в течение всего пути. Взрослые спокойно относились к нашим забавам, иногда вставляя свои реплики, или присоединяясь к нашей веселой компании.

А вот летом все старались добираться до райцентра по полям. Я всегда удивлялась, как шофера точно узнали дорогу в этих бескрайних степных просторах, куда ни глянь, везде пшеница, кукуруза, овес. Каким чутьем они угадывали, куда надо повернуть, по какой полевой дороге поехать, чтобы, в конце концов, за пять километров от райцентра выехать на грейдер. И проехать оставшуюся часть пути с комфортом по асфальтированной дороге.

Совхоз «Братский» состоял из центральной усадьбы и двух отделений: первое отделение и «Красный Октябрь».

Первое отделение находилось на берегу живописного водохранилища без названия. Его искусственно сделали в глубоком овраге, питалось озеро от родников, поэтому вода в нем была холодной, и нагревалась летом только когда солнце, основательно поработав, уходило за горизонт на отдых. Озеро получилось достаточно глубоким, и широко разлилось, заросло камышом, по берегам - кустарником. В озере развели карпов и другую рыбу. Очень хорошо себя почувствовали карпы, вначале лета, во время нереста, карпы выпрыгивали из воды, приводя в ужас нас детей своими огромными размерами. Со временем кто-то завез раков, которые быстро адаптировались в озере, и чуть не погубили всю рыбу. Оказалось, что раки не прочь полакомиться рыбной икрой. Дети, с удовольствием ловили их, варили на костре и ели.

На первом отделении жили в основном те люди, которые были заняты в животноводстве. Рядом с отделением находились фермы, на которых выращивали крупнорогатый скот, свиней, овец.

Дети животноводов вынуждены были и в жару и в стужу ходить в школу за три километра, обдуваемые степными ветрами. Все бы ничего, но вот в школе зимой было очень холодно, температура достигала иногда +3 градуса. Даже в одежде дети мерзли, а ручки не писали, паста замерзала. Туалет тоже был на улице. И у нас даже в мыслях не было, жаловаться на неудобства, холод. Но мы искренне жалели тех, кто жил на отделении, представляя, что им со школы нужно идти три километра по холоду. Конечно, директор совхоза выделал транспорт для перевозки детей, но этот транспорт вечно ломался, и большую часть времени находился в ремонте.

Второе отделение «Красный Октябрь» находилось в десяти километрах от центральной усадьбы. На этом отделении жили в основном казахи, и тоже занимались животноводством и полеводством. Мне рассказывали, что этот поселок образовался на месте стоянок древних кочевников. Поселок расположен был на берегу живописных озер, поросших кустарником, черемухой, ежевикой и можжевельником. Мы эти бесконечные озера называли одним словом «речка». Обычно говорили: «Поехали на Красный, на речку».

И всем было понятно, куда надо ехать, а на какой речке мы остановимся, предсказать было трудно.

Особенно в праздничные дни, «элитные» места на «речке» были заняты с раннего утра, и приходилось долго искать место, где бы приземлиться. Вот в одну из таких поездок мы пошли обследовать местные кустарники, с целью найти заросли ежевики, и наткнулись на остатки стоянки кочевников. Было понятно, что люди здесь жили еще в дореволюционные времена в юртах и пасли скот. Нам в советское время, трудно было представить, как это люди веками жили в юртах, и все время переезжали с места на место. Ведь после революции казахи вели оседлый образ жизни, жили в кирпичных домах. Нам детям целинников не известен был уклад жизни кочевников. И это большой минус, жить в Казахстане и не знать его истории, очень неправильно.

Однажды, гуляя по степи, вдоль речки, я наткнулась на старое казахское кладбище. По все видимости, оно было очень старым и заброшенным. Я потом была там не раз, хотелось понять, кто здесь лежит, как сюда занесло людей, чем они жили, как они жили. Но, увы, могилы хранили молчание, как и курганы, которые разбросаны по всему Казахстану до сих пор. Сторожевые курганы скифов отличались от могильных, срезанными верхушками. Заберешься на курган, а там ровная площадка, явно, выровненная человеком. С кургана виден был другой курган и так далее.

В древние времена скифы охраняли свои границы, и когда нападал враг, то на вершине кургана зажигался костер, потом на втором, третьем. Таким образом, скифские воины предупреждали людей о грозящей опасности.

В нашей степи до сих пор много и могильных курганов. Еще в советское время приезжали геологи, сфотографировали эти курганы, с целью через год-два начать раскопки, но так и не начали. Может и к лучшему. Может что-то и останется следующим поколениям, у них будет совершенная техника, и они смогут историю воспроизвести более правдоподобно, чем предыдущие поколения.

Глава 5

Дорогие мои земляки, низкий вам поклон за то, что идеи равенства и братства вы смогли воплотить в жизнь. Вы своим примером доказали, что проблема не в том, какой ты национальности, а в том, какой ты человек. Только разъехавшись по всему миру, мы наконец-то поняли, что мы разных национальностей, вероисповеданий. До этого даже в голову не приходило, что один из нас русский, другой украинец, третий молдаванин. Мы принадлежали одной нации, под названием КАЗАХСТАНЦЫ. Со временем произошло такое смешение кровей и наций, что уже не понятно было, кто какой нации принадлежит. Например, я всегда была по паспорту русская, но если начать разбираться в моей родословной, то получается дружба народов. Так скажите, какую нацию мне ненавидеть? Для меня неприятие какой-то нации означает неприятие своих предков, но это же абсурд: ненавидеть саму себя, в конечном итоге.

Как изменился вокруг нас мир, сначала нас сплачивали, говорили, что вместе мы сила. Потом стали говорить, что мы индивидуальности, развели нас по ячейкам. И на кой мне та моя индивидуальность, если она не востребована обществом. Я всегда вспоминаю сказку о том, как отец призвал к себе сыновей, и предложил сломать веник, что оказалось сложно, а по прутикам веник сломать было легко. Вот в чем мудрость, если я кого-то не убедила, приведу другой пример. Мы часть животного мира, а значит, подчиняемся законам природы. Никто не будет отрицать, что если он не поест, не поспит, то ноги протянет. Так все нормальные животные выживают, образуя стаю, стадо, иначе они обречены. Так к чему изобретать велосипед, если его уже давно изобрела природа.

Просто кому-то выгодно нас разобщить и ломать по прутику, превращая в быдло, в рабов. Представляю сейчас возмущенные крики не согласных со мной, но это мое видение ситуации. Я, как и многие в нашей стране, взращённые октябрятской, пионерской и комсомольской организациями, до сих пор верю в торжество справедливости, и буду стараться всю жизнь помогать ближнему, стараться делать мир вокруг себя лучше. И надеюсь, что когда-то мои знания и умения будут востребованы в нашей стране.

Пожилые люди, которые прошли Целину, говорят, что они жили при коммунизме, но даже не понимали этого, пока не потеряли то, что имели.

Кажется совхоз, как там может развиваться человек? Посмотрите российские деревеньки, сразу видно, что люди там веками привыкли жить плохо. Моя свекровь в 16 лет убежала из воронежской деревеньки на Целину, убежала от нищеты. И никогда не хотела туда вернуться.

Как было на Целине? На Целине, люди, прежде всего, работали и очень много. Вслушайтесь только - «Битва за урожай». Поверьте, это точно была битва, когда на полях поспевала пшеница, весь совхоз выходил на уборку урожая. Больше всех доставалось механизаторам, сутками не слазили они с комбайнов, спешили убрать урожай до дождей и холодов. В уборку урожая вовлечены были все, даже мы школьники работали на току, куда свозилось зерно, которое сушили и засыпали в амбары или увозили на элеватор. Будучи, пионерами, мы участвовали в операции «Зернышко», смешно вспоминать, но тогда мы считали, что делаем важное для страны дело – спасаем хлеб. Немного расскажу про эту загадочную операцию. Пионеры из разных классов, брали деревянные молотки, и, вместе с вожатым, шли на весовую после уроков, где взвешивали машины с зерном, и молотками простукивали борта грузовиков, в основном, военных «Уралов», записывая номера тех машин, у которых зерно просыпалось в щели, плохо заделанных бортов. Эти сведения отправляли в контору, там принимались меры. Став старше, ездили на поля собирать колоски, которые потеряли комбайны. Сейчас понимаю, что бестолковая была работа, но так нас приобщали к труду, к тому, чтобы мы знали цену хлебу. И, многие окончив школу, становились механизаторами и самоотверженно трудились на бескрайних полях.

Во время посевной или уборки урожая механизаторы не ездили домой, а жили на полевых станах, обычно это несколько домиков, в одном из них столовая, в другом ленинская комната, в остальных - комнаты, в которых отдыхали механизаторы.

Люди работали не только в совхозе, но и дома, у каждой семьи были дом, огород, большое подсобное хозяйство. Не могу не вспомнить наших женщин, это особая порода женщин, которые могли ударно трудиться, держать в порядке дом, растить детей, обстирывать своих мужей механизаторов, вести хозяйство, и отдыхать, занимаясь спортом, пением в хоре.

Первым директором совхоза стал, Доля Филип Филиппович, затем ему на смену пришел Нарихнюк Виталий Иосифович. Мне всегда казалось, что это первый человек, который встает утром и идет на работу. Женщины еще не успевали подоить коров, и выгнать их в стадо, а Виталий Иосифович шел или ехал на машине по дороге в сторону конторы, всегда элегантно одетый и причесанный. Много лет руководил он совхозом, мы при нем выросли, выучились, создали семьи. А он не менялся с годами, оставаясь таким же мягким, добрым, интеллигентным человеком.

В 70-е годы прозвучал призыв партии: «Женщины на тракторы!». И женщины откликнулись на этот призыв. Пошли учиться на трактористок, среди них Андронатий Неля Станиславовна, Мереуца Светлана Терентьевна, Гаан Елена Исидоровна и другие. Женщины пошли учиться на трактористок, оставив свои рабочие места. Наверное, такое возможно было только в те далекие времена. В течение года женщины работали на тракторах, Андронатий Неля Станиславовна не сходила со страниц стенгазет, она была передовиком производства.

Вообще хочется подробнее рассказать об этой удивительной женщине. В первых рядах она с мужем приехала на освоение Целины из Молдавии. Когда они приехали на Целину, были молоды и полны сил. Им хотелось доказать, прежде всего, себе, что они способны на многое. Неля Станиславовна проявила яркие организаторские способности, поэтому молодежь совхоза выбрала ее секретарем комсомольской организации. И она не только справлялась с это работой, но и сплотила вокруг себя активную молодежь. При ней жизнь комсомольской организации кипела в прямом смысле. Тематические вечера, концерты, спортивные мероприятия, и это не полны список мероприятий, которые организовывала и проводила активная молодежь. Неля Станиславовна ввела традицию: каждому новорождённому в торжественной обстановке дарить небольшой подарок – фотоальбом, и три значка, как символ преемственности поколений: октябрятский, пионерский и комсомольский.

В совхозе к 80-м годам назрела необходимость в новой школе, дети учились в одноэтажной школе. Темные узкие коридоры, низкие потолки в классах и плохое освещение, отсутствие спортивного зала, вот коротко о том, что представляла собой старая школа. Новая красивая двухэтажная школа была построена в рекордные сроки, всего за 9 месяцев. И комсомольцы приняли в этом активное участие: каждый комсомолец бесплатно отработал на строительстве школы 15 дней.

Рассказывая о строительстве, не могу не вспомнить, всеми уважаемого Хохиаидзе Георгия Багратовича, главного прораба совхоза. На Целину он приехал из далекой Грузии и построил два совхоза: «Братский» и «Рассвет». Багратыч, как звали его односельчане, был очень уважаемым человеком. Он очень ответственно относился к своей работе. Светлая ему память.

Так же в совхозе создавались комсомольско-молодежные бригады, это бригада №2, бригадир Бондарь Владимир Петрович, и бригада №4, бригадир Хусаинов Хизан.

Целинная земля рождала настоящих организаторов в разных сферах производства. Таким организатором был и бригадир бригады №2, Бондарь Владимир Петрович. Его бригада стала примером не только героического труда, но и активного отдыха. В бригаде работали комсомольцы механизаторы: Нарихнюк Геннадий, Копица Василий, Гараздий Анатолий, Самохин Александр, Волкодавов Виктор и другие. В бригаде, кроме полевого стана, была организована ленинская комната, в которой комсомольцы проводили свободное время: читали прессу, играли в шашки и шахматы, могли узнавать последние сводки с полей. Так же на территории полевого стана был вырыт котлован, в котором механизаторы купались в жару. А самое главное, на территории полевого стана было футбольное поле. Очень сильно уставали молодые механизаторы в поле, и после сытого ужина и непродолжительного отдыха выходили на футбольное поле, и заканчивали игру затемно.

И это еще не все, во время посевной и уборки урожая силами комсомольцев и коммунистов совхоза создавалась агитбригада, которая выезжала на поля с концертами. Частенько агитбригада выступала и на полях соседних совхозов.

В совхозе был свой хор, люди, закончив работу и домашние дела, шли в Дом культуры, чтобы петь. Хор постоянно участвовал в районных смотрах художественной самодеятельности и приезжал с дипломами победителей. Вспоминается один из концертов в совхозном клубе, как обычно собрался весь совхоз, и вот вышли три богатыря: мой отец –

Мутылев Николай Николаевич, Бондарь Владимир Петрович и Сирик Владимир Григорьевич. И запели «Смуглянку». Весь зал ревел от восторга.

Моя мама, Мутылева Татьяна Константиновна, 15 лет отработала секретарём сельского совета, а затем по состоянию здоровья перешла работать в совхозную библиотеку. Она постоянно организовывала культурные мероприятия. Свадьбы, проводы в армию, вручение паспортов все проходило в торжественно обстановке. Вспоминаю проводы в армию, когда молодые ребята вставали на колено перед флагом и давали клятву, служить достойно своей Родине. Как они волновались, как дрожали голоса…

Вот кажется совхоз, где-то на краю земли, а нет. Хочу рассказать, какие тематические вечера проводила мама, особо мне запал в сердце вечер, посвященный творчеству Мусы Джалиля. До этого вечера, он мне был незнаком, а после - стал одним из любимых поэтов. Мама рассказала его биографию, и стала читать наизусть стихотворение:

- Они с детьми погнали матерей, и ямы рыть заставили, а сами, они стояли – кучка дикарей, и хриплыми смеялись голосами…

До сих пор мурашки по коже. А тогда в зале стояла гробовая тишина. Мама, стоя на сцене, читала стихотворение, и слезы текли по ее щекам. Зал вздрогнула, когда она прокричала, надрывно, с болью в голосе:

- Я мама жить хочу, не надо мама...

В нашем совхозе была традиция торжественно отмечать окончание посевной и уборочной страды. Весь совхоз выезжал за десять километров на отделение совхоза «Красный Октябрь». Как уже я говорила, что отделение находилось на берегу глубоководных чистейших озер, которые проходили через весь Тургай. Одно озеро заканчивалось, другое тут же начиналось. Озера заросли по берегам кустарниками, можжевельником и ежевикой. Озера были настолько чистыми и глубокими, что мы с разбегу прыгали солдатиком в воду, и под водой строили друг другу рожицы. Много рыбы водилось в озерах: линь, зеркальный карп, плотва, щука, карась, окунь.

На автобусах почти весь совхоз выезжал на берег одного из таких озер, мужчины заранее ставили сети, разводили костры, устанавливали большие котлы. Женщины готовили бешбармак, уху, салаты. На открытом пространстве расстилали клеенки, и на них ставили еду. Ели, кто, как приспособится: сидя на коленках, полулежа, полусидя, места и еды хватало всем. Мы, дети, играли в догонялки, купались под присмотром взрослых, помогали накрывать и убирать со стола. А взрослые, сытно поев и выпив, начинали петь. Пели под гармошку, потом танцевали. А вечером в Доме культуры собиралась вся молодежь, в том числе и семейные пары на дискотеку и веселились почти до утра.

Так же весь совхоз собирался в Доме культуре на празднование Нового года. Народу было очень много, водили хороводы, участвовали в конкурсах. На моей памяти, самым веселым Дедом Морозом был, тогда еще молодой, Волкодавов Виктор, он и пел и плясал и шутил, заводя весельем односельчан.

Помню конкурс частушек, сначала люди смущались выходить на сцену, но вот моя одноклассница и подруга Люда Гараздий, учась в 9-ом классе, смело пошла на сцену. И в сопровождении гармониста, задорно запела:

«Приезжали меня сватать,
Мать корову не дает.
А жених такой попался,
Без коровы не берет».

Она пела так, что зал не мог не реагировать, все хлопали и подпевали ей. А когда она закончила петь, в зале еще долго стояло веселое оживление.

И потянулась вереница желающих спеть свои частушки, но победила Люда. Она умела петь частушки, заводя зал своим задором. Моя дорогая подруга, мысленно склоняю свою голову перед твоим умением выживать, перед твоей жизненной стойкостью.

Мы с Людой учились в одном классе, сидели за одной партой. Какие хохотушки были, не передать. Такое чувство, что спешили насмеяться на всю жизнь, потому что потом пролито было очень много слез, пережито было очень много горя.

Ближе к 12 часам ночи люди расходились по домам, чтобы встретить, наступающий год, в кругу семьи или с друзьями. А уже к часам двум ночи к Дому культуры снова тянулась вереница людей, желающих продолжить веселье. Танцевали до утра.

И вы мне хотите доказать, что все это было плохо, что это «страшные» коммунистические времена? Наверное, мы жили на Марсе, потому что то, что сейчас рассказывают СМИ о нашем времени, идеологическая ложь.

Сейчас трудно представить, что, будучи студентами, мы часто опаздывали на рейсовый автобус. И чтобы добраться домой, выходили на трассу, и нас довозили до совхоза, причем часто шофёру было не по пути. Тогда, мы даже не знали, что на свете есть маньяки, а тем более не знали, что за то, что нас подвезли домой, надо платить деньги. Сейчас вообще невозможно представить, что дома наши закрывались на щеколду, а если закрывались на ключ, то все знали, что он лежит под ковриком, или под газовым баллоном, который обычно стоял возле крыльца. Мы краем уха слышали, что есть где-то далеко на Западе наркоманы, и очень плохо представляли, кто это такие.

Мы молодые люди, после танцев, гуляли всю ночь, а наши родители спокойно спали, при этом открыв двери дома, чтобы проветривать дом в летний период.

Как сейчас помню, столько было энергии, хотелось объять необъятное. В молодости не понимала, как ночами можно спать, ведь столько вокруг интересного происходит. Все успевали с подругами за ночь, и парням головы морочить, и найти на одно место приключения. А потом, вернувшись, домой, часа в три ночи, я садилась на крыльцо и любовалась звездным небом. Больше нигде не видела такого красивого звездного неба, как у нас в «Братском». Я могла часами наблюдать за мерцанием звезд, которых было видимо-невидимо на ночном небосклоне.

Глава 6

Мое сердце, навсегда осталось в Богом забытой, казахстанской степи. Чем старше я становлюсь, тем все чаще память возвращает меня в те годы, когда вся жизнь была впереди, когда казалось, что жизнь полна только радостных моментов и ярких впечатлений.

Нашему поколению хватило «ярких» впечатлений. Вроде бы не было войны, а ощущение, что мы прошли войну, причем не одну. Конечно, лишения нас закалили, научили выживать в экстремальных ситуациях. Но ни к чему это. В этой борьбе за жизнь мы потеряли самое главное, те духовные ценности, которыми богата была наша страна. Мы все сейчас находимся в процессе зарабатывания денег, порой, не замечая от усталости и отупения ничего вокруг.

Возвращаюсь к своему рассказу. Особо хочу задержаться на спортивной жизни нашего совхоза. 1 сентября 1980 года в нашем совхозе в торжественной обстановке была открыта новая двухэтажная школа. К школе пристроен был большой спортзал, соединенный со школой длинным коридором. В советские времена спортинвентаря было в достатке, склад спортзала забит был до отказа: лыжи, коньки, клюшки, мячи и многое другое. Большую роль в развитии спорта в совхозе сыграли мой отец, Мутылев Николай Николаевич, физруки: Сивагин Владимир Анатольевич, Скрипник Сергей Павлович. Днем шли уроки физкультуры, это были самые любимые мои уроки, после математики. Потом школьные секции, позже приходили взрослые, но мы дети оставались и мешались у взрослых под ногами, иногда они брали нас в команду, и это было такое счастье. Мы так старались играть в волейбол или баскетбол, проявить себя по максимуму, чтобы старшие спортсмены оценили наши старания, и чаще брали в команду. Потом пришло время, когда мы стали играть намного профессиональнее старшего поколения.

Зимой, когда у людей появлялось свободное время, в выходные дни в совхозе проводились различные соревнования: по волейболу, баскетболу, мини футболу.

Вот один смешной случай. В совхозе проводилась легкоатлетическая эстафета. От управления команду не выставили, но в последний момент было решено, не отрываться от народа, Андронатий Неля Станиславовна и Зеленкина Надежда Вениаминовна в платьях, так как не успели сходить домой, переодеться, пробежали эстафету, и не только пробежали дистанцию, но и победили.

Мне навсегда запомнился День физкультурника 12 августа 1985 года. Я училась в 9 классе, и являлась активным участником этих соревнований. Это была ежегодная традиция: 12 августа все спортсмены с разных совхозов съезжались на соревнования, которые проводились в районе на стадионе, чтобы померяться силами.

Заранее, каждый совхоз устанавливал вдоль речки, протекавшей рядом со стадионом, палатки для спортсменов. Но наш совхоз почему-то свои палатки не установил, и мы весь день провели под палящим солнцем. В день заезда начинались соревнования по легкой и тяжелой атлетике, волейболу, футболу, баскетболу. Я с мамой играла в одной команде в волейбол. Наша команда заняла первое место.

Август месяц в Казахстане был очень жарким. Помню, как мы играли в баскетбол за 1-2 место под палящим солнцем. В глазах темнело, но сдаваться не собирались, поэтому нашли выход из положения. Рядом с площадкой была колонка, наши болельщики и запасные игроки, с трехлитровыми банками бегали к колонке, наполняли банки водой и в короткие перерывы выливали воду прямо на головы игроков. Проходило минут 10, и футболки снова становились сухими, вода испарялась от жары. Мы тогда выиграли, долго лежали после игры, обессиленные на траве, радоваться не было сил. Наши мужчины выступили тоже удачно, и совхоз получил общекомандное первое место. Уставшие, но удовлетворенные с призами и грамотами мы загрузились в автобус, и поехали домой. В автобусе началось веселье. Так как наша мужская команда выступала в красных трусах, то в процессе общения, физрук Скрипник Сергей Павлович запел песню, которую я до сих пор помню: «Красные трусы сердце обожгли, счастье унесли…». Исполнение такого варианта известно песни вызвало бурное обсуждение трусов, смеялись до слез.

Наш постоянный состав команды: Елисеева Лиля (ее уже давно нет с нами), Дюсупова Галя, Аникина Ольга, Журбицкая Лена и я, основной состав команды. Мы играли в волейбол, баскетбол, гандбол, бегали на лыжах.

В нашем совхозе самым популярным видом спорта был волейбол. Наша женская команда на районных соревнованиях никогда не опускалась ниже второго места, иногда уступая своим основным соперникам, команде совхоза им. Герцена или ДЮСШ, созданной на базе районной школы.

В 1987 году я училась в Целиноградском государственном педагогическом институте, ныне Евразийский университет, и на 8 марта поехала домой. В тот год снега было много, да и весна не спешила вступать в свои права. Накануне, созвонившись с мамой, узнала, что они будут в районе на волейбольном турнире, посвященном Международному женскому дню. Мама сказала, что они меня ждут на игру. Мой поезд приходил на станцию в 6 часов утра, немного посидев на вокзале, я села в рейсовый автобус и доехала до совхоза «Железнодорожный». В школьном спортзале проводился волейбольный турнир. Я сразу пошла, разминаться, так как наша команда была уже на месте. Не помню, с кем мы играли, но мы выиграли, и нам за 1-е место дали грамоты и хрустальные бокальчики, наборы по 10 штук в каждом. После награждения мы отправились на автовокзал, спешили попасть домой и отпраздновать праздник и победу в кругу семьи. Мне же, как студентке, хотелось попасть домой, потому что приехала всего на три дня. Погода была ненастная, шел снег и мела метель, и так как накануне была оттепель, а потом ударил мороз, дороги превратились в стекло.

Приехав на вокзал, мы узнали, что автобусы отменили. Сейчас не могу объяснить мотивы наших поступков, кроме желания, быстрее попасть домой. Ведь даже мысли не было, что это может быть опасно. Мы позвонили в совхоз и сказали, что идем домой по грейдеру. Подробностей не помню, но тот, кто был на другом конце телефонного провода, очень ругался. С нами была Люба Стрельникова. Ее муж работал шофёром, он решился выехать к нам навстречу, предварительно намотав на колеса автобуса цепи, чтобы автобус не соскользнул с грейдера в кювет.

И мы пошли, вышли на дорогу, в руках призы, бокалы при ходьбе, позванивали. Ветер пытался сбить нас с ног, грейдер был очень скольким. Вскоре подуло так, что мы побоялись потерять ориентир, да и все стали замерзать, было решено вернуться на автовокзал и дожидаться автобуса.

Через час ожидания подъехал автобус, гремя цепями. Мы вернулись домой, но всю дорогу пока мы ехали, наш, шофёр Стрельников Александр матерился, на чем свет стоит, обзывая ненормальными самоубийцами. Мы молчали, потому что понимали, что если сейчас у него дрогнет рука, и он сделает неверное движение, мы слетим в кювет.

Соглашусь, что этот поступок похож скорее на безумие, но я уверяю вас, что мы привыкли жить в суровых условиях Целины, и нас мало что останавливало. Это умение жить, вопреки всему, пригодилось в жизни, очень пригодилось.

Глава 7

Что же стало с некогда могущественной державой, что стало с людьми? Кого винить в том, что произошло с нами в последние двадцать лет. Винить, к сожалению, некого. Мы сами построили это уродливое государство. Мы не осознавали в 1986 году, какую мину замедленного действия запустил М. С. Горбачев, и чем это обернется для страны, в частности, для народа.

Не зря появились такие высказывания, как «Человек человеку волк», «За что боролись на то и напоролись». Именно они отражают суть нашего государства. Трудно представить, что великая держава СССР стала сырьевым придатком Европы и одним из штатов США. Страна, победившая фашизм, превратилась просто в чей-то придаток! У меня это не укладывается в голове. За время перестройки и движению к капитализму люди заметно очерствели, огрубели душой. В основе жизненной позиции большинства лежат деньги, а не духовное совершенствование. Потому что все решают деньги, нет денег, нет человека.

Задумайтесь, ведь Моисей, не зря водил евреев сорок лет по пустыне, в этом есть смысл. Это делалось для того, чтобы евреи, которые были в рабстве у римлян, умерли, и народилось и выросло новое поколение свободных людей, без программированного рабства. Сколько же лет надо водить наших людей по пустыне, чтобы научить жить хорошо, научить ценить то, что имеем, а не тупо копировать Запад.

Мы удивительный народ, годами готовы обвинять в том, что плохо живем, кого угодно: Америку, Англию, царя, кого угодно, кроме себя. Мы защищаем свою Родину так, что заставляем уважать себя даже врагов, но в тоже время годами терпим бездарных правителей, и не только терпим, но и верим всему, что нам внушают. Наша страна полна талантливыми людьми, но и дураков, у нас не меньше.

Мы не предсказуемы, вспомним историю, когда рыцари долго готовились к наступлению, вырабатывали план, стратегию. И каково было их удивление, когда навстречу им из леса неслась банда полупьяных мужиков с топорами и вилами. Я представляю их удивление и шок. А если представить, в каком удивлении, смятении были европейцы, когда Суворов перешел через Альпы. Ну, кому в Европе, могло такое прийти в голову? Только русским.

Все смешалось в русском народе, талант, глупость, бесшабашность и инертность. Веками русские люди отдают свои жизни за то, чтобы их дети и внуки жили лучше их. Вырастают дети и снова отдают свою жизнь за светлое будущее. Когда же наступит это светлое будущее? Пока не понятно. Была надежда, что после перестройки все постепенно наладиться и вернется в привычное русло. С годами энтузиазма и иллюзий значительно уменьшилось, и стало понятно, что светлое будущее не что иное, как мираж в пустыне.

В 1993 году развал в стране, а так же в совхозе ощущался в полно мере. В совхозе уже три года толком не платили зарплату, в основном рассчитывались натуральными продуктами, а магазине люди сутками стояли в очередях. Порой сами не зная зачем, а когда товар привозили, возникала дикая давка. Хватали все, не разбирая, надо не надо, по принципу: «все в хозяйстве сгодится». Очень часто отключали свет, в каждом доме стоял аккумулятор, за счет которого можно было в темное время суток зажечь небольшую лампочку. Спасало хозяйство, отходы и сено традиционно завозили за бутылку водки или самогона. Это позволяло держать большое подсобное хозяйство, сдавать мясо, приобретая сахар, порошок, зубную пасту.

Страшные были времена и непонятные. Рушилось все вокруг, было не понятно, как жить, что будет дальше. Усугубило ситуацию назначение последнего директора. За год он умудрился развалить совхоз так, что восстановить хоть что-то было невозможно.

Люди постепенно стали уезжать за пределы Казахстана, в поисках лучшей доли. Сначала дома продавали, а потом стали просто разбирать. Выехали учителя, врачи. Было понятно, что тоже надо что-то предпринимать, так как у детей будущего в этом развале нет.

К 1998 году выехала большая часть населения, совхоз стоял в руинах, напоминая греческие развалины. Вот так закончилась славная история поднятия Целины.

Конечно, сейчас идет много споров: надо ли было распахивать целину, разрушать почву. Но посмотрите на Алтай, там сеют, там тоже была Целина. Но поля не заброшены и обеспечивают страну хлебом. Именно в Казахстане выращивали твердые сорта пшеницы, которые шли на экспорт. И надо было это сохранять и развивать. А что теперь, все поля заросли полынью и осотом. И когда все придет в норму, не понятно.

Я давно не езжу на родину, страшно смотреть на развалины того, что когда-то жило и дышало. От совхоза остались практически одни руины, сохранилось несколько домов, в которых живут, преимущественно казахи, им то ехать некуда, но и они постепенно переселяются ближе к городам.

Вот такой печальный конец славному пути дедов, родителей. Наше поколение еще сохраняет в себе непередаваемый дух коллективизма, особой человеческой открытости. Иногда, наблюдая за своими детьми, я вижу проявление этих качеств в них, значит не все потеряно, придет время и Россия воспрянет, а за ней воспрянут все союзные республики. Я надеюсь на это, по-другому и быть не может…

ЧЕРНОЕ МОРЕ

Глава 1

Вот и сбылась мечта идиота, я на море, на Чёрном море. Хотя всё время задаю себе вопрос: кто мог назвать это море чёрным? Только слепой или ненормальный. Сколько смотрю на море, оно, то лазурное, то тёмно-зеленое, то небесно-голубое. Но чёрным, оно никогда не бывает. Море очень изменчиво. Вроде бы вот только оно спало спокойным безмятежным сном, греясь на солнышке, и вдруг, откуда ни возьмись, появилась рябь, потом волна, ещё волна. И море ожило, задвигалось.

Мне предстоит пробыть на море три долгих месяца. Это ведь целая жизнь. Какой будет эта жизнь? Хочется, чтобы она была насыщена событиями, яркими впечатлениями. Как говорится, каждый кузнец своего счастья. Я бы перефразировала немного: каждый кузнец своего яркого незабываемого отдыха. Только кузнец я никудышный. Если меня не расшевелить, так все три месяца пролежу в номере или на море, нет, не на берегу, а именно на море, или в море. Бог его знает, как правильно сказать.

Дело в том, что я не загораю никогда. Вообще не понимаю людей, которые часами греют свои, порой могучие телеса, на солнце, особенно когда рядом вода. Я в прошлой жизни была водоплавающей, это точно, потому что вода для меня важнее, чем земля. В море могу находиться часами, уплывая подальше от людей, наслаждаясь панорамой, да и водой тоже.

В детстве мне так нравилось плавать, что когда начинали предательски стучать зубы, я сцепляла их и терпела холод, в результате перестала реагировать на него, чем выработала повышенную температуру тела. От многих мужчин я слышала, что очень горячая женщина, в прямом и переносном смысле. В переносном смысле — это мой сильный темперамент. О, есть о чём вспомнить. Но речь пока не об этом.

Так вот, возвращаясь к морю, могу сказать, что я гуляю по морю. Не понимаю тех, кто бултыхается, дни напролёт у берега или наоборот делает стремительные заплывы, как на соревнованиях. Как можно быть такими примитивными. Ведь морем надо дышать, наслаждаться, с морем можно говорить. Когда на море большая волна, можно стоя в воде отдаться движению волны, она, то поднимет тебя на самую свою вершину, то так же нежно опустит и так до бесконечности. Но бывает и такое, что с морем договорится невозможно, оно неуправляемо в своем гневе, волны достигают огромной высоты, выкидывая на берег гальку, песок и мусор, и снова уносят всё это за собой. Именно в эти минуты понимаешь, какой огромной силой обладает эта водная стихия, и насколько ты беспомощен против нее. Именно она решает, жить тебе или нет. Мне доводилось видеть последствия шторма, вывороченные глыбы, разбитая набережная, огромные деревья на берегу.

Глава 2

Минуло полтора месяца моего пребывания на Чёрном море в Абхазии. Ещё в прошлом году в Сочи мне доводилось слышать о неземных красотах Абхазии, о чистоте моря. Могу сразу разочаровать. Дикая природа Абхазии меня ничем особо не поразила, обычные заросли, много ежевики. Конечно, есть в этих зарослях и что-то необычное, это дикий гранат, величественный платан. Остальные экзотические деревья, такие, как пальма, олеандр, банан разведены на юге «насильственным» путём, для нас уважаемых туристов. Хотя какой из меня турист, искатель приключений.

Всю жизнь мечтала путешествовать, повидать мир. Но тяжким грузом грянула перестройка, потом переезд из Казахстана в Сибирь, развод с мужем и снова переезд на Урал. Разумеется, за эти годы побывала в различных городах Сибири, Алтая и Урала. Но душа требовала чего-то нового. Когда меня спрашивают, откуда я родом, обычно отшучиваюсь, что всю жизнь хожу по этапу: Казахстан, Сибирь, Урал. А мысленно задаю себе вопрос: где же моя пристань? Оторвавшись от родины, я так ни к какому месту не приросла, не создала семьи, правда, детей вырастила.

Это всё лирические отступления. Перехожу к главному, без чего не могу уже существовать — это МОРЕ. Расскажу о своих ночных заплывах, на них я подсела, как на наркотик, основательно и надолго. Первый заплыв был незабываем: хмурое небо, тёплая вода и отблески фонарей от пансионата. Плавала без одежды, если уж совсем честно, то голой. Вода завораживает, она тёмная в ночи, но прозрачная. Волн практически нет, вода нежно ласкает тело, ты понимаешь, что в эти моменты полностью сливаешься с морем, становишься частью этой водной стихии. Короче, пропала я, совсем пропала. Где бы я ни была, несусь к морю, чтобы в полночь полностью ему отдаться.

Глава 3

Хочется рассказать предысторию моего второго путешествия к Чёрному морю. В прошлом году состоялось моё первое знакомство с Кавказом. Три месяца я прожила в Сочи. Так как нынешнее путешествие по Кавказу уже по счёту второе, то решено было назвать его «Последний герой — 2».

Итак, начну с тех времен, когда мне было чуть за двадцать, сил и энергии было много, а возможностей мало. Моя душа жаждала путешествий, новых впечатлений. А в реальности это заканчивалось походами за грибами в лес. Сколько бессонных ночей провела я в мечтах о чём-то новом, неизведанном. Мне казалось, что вот наступит время, когда можно будет себе позволить исколесить весь мир вдоль и поперёк, прикоснуться к мировым святыням, своими глазами увидеть старинные замки, пирамиды, греческие развалины. Но моим мечтам не суждено было осуществиться, в девятнадцать лет я вышла неудачно замуж, и вся моя жизнь замкнулась на доме, огороде, хозяйстве. Через год родился сын, который, в принципе, нужен был только мне. Жизнь превратилась в бесконечно чёрную полосу.

С ужасом и содроганием вспоминаю годы замужества. До сих пор не могу себе объяснить такое терпение, такое самоотречение, не могу ответить на вопрос: для чего и кому нужен был этот подвиг длиной в одиннадцать лет? Жизнь одна, и никто не вправе превращать её в ад — это моя позиция, возможно, кто-то будет со мной не согласен. Никогда не смогу принять позицию русских женщин, которые годами терпят мужей тиранов, в надежде, что они с годами изменятся, а потом понимают, что жизнь прошла, а тиран стал ещё хуже. Вот и я терпела, ломала себя. А зачем? Для чего? В угоду семейных традиций? В нашей семье, как сказала моя мама, никто не разводился, все несли свой крест до конца. На что я ответила, что буду первой и что не хочу носить на себе кресты, что моя душа полёта требует.

Короче, когда мною было принято решение уйти с двумя детьми в никуда, против меня ополчился весь мир: мои родители и родные, мой бывший муж, свекровь. Не пишу бывшая свекровь, потому что с годами сделала для себя такой вывод, что свекровей бывших не бывает. Свекровь — это как хроническая болезнь, и жить с ней тяжело и избавиться невозможно.

Часто в этом противостоянии чувствовала себя этаким Мальчишом-Кибальчишом, мысленно повторяя: «Мне бы ещё день простоять и ночь продержаться». Читатель может неверно истолковать мою жизнь, представляя её, как одно большое испытание. Да, испытание было, но было много интересного. Я тихий авантюрист по натуре и не могу жить без ярких красок, и этих красок было в моей жизни предостаточно. Почему тихий? Потому что о моих похождениях знали немногие, большая часть людей считала меня серьёзной, разумной женщиной. Этот огонь жизни я глубоко прятала, оберегала его, но в какие-то моменты он разгорался, и меня неотвратимо тянуло на подвиги. И, только получив хорошую дозу адреналина, на какое-то время я обретала равновесие.

Да что там говорить, вся моя жизнь — это одно большое приключение. Удивляюсь людям, которые всегда чем-то недовольны, клянут судьбу, которым вечно чего-то не хватает. Они же утверждают, что Бог послал нас на Землю мучиться. Может, их и послал, но я с этой трактовкой полностью не согласна. Просто эти люди не могут радоваться малому, негатив переводить в позитив. Моя подруга, приехав на море, сразу стала выдвигать свои условия. Все ей не нравилось, мне это напоминает «Сказку о рыбаке и рыбке». Чего только стоит то обстоятельство, что море находится в двух метрах от пансионата и у нас есть возможность плавать на море и рано утром и днём, и ночью. Всегда можно позитивно всё объяснить. Нет в номере туалета, он на третьем этаже, а ты живешь на пятом, но ведь душ рядом, есть возможность, в жару охладится, а в холод согреться.

Мой опыт говорит о том, что жизнь будет такой, какой вы её сами воспримете, в какие краски её раскрасите. А для этого надо немного потрудиться, пошевелить мозгами, подвигать телом. Многие люди годами ждут, что придёт добрый волшебник, взмахнет палочкой и им станет весело, они почувствуют вкус жизни. Нет, мои милые, каждый сам кузнец своего счастья. Поэтому, чтобы счастье получилось, необходимо браться за молот. Тут тоже свои заморочки. Кто-то берёт молот и куёт так, как будто его всю жизнь в руках держал, а кто-то робко, несмело куёт, сначала у него ничего не выходит, но он настойчиво и упорно это делает. И вот постепенно получается то, чего он так хотел, здесь прибавляется ещё и радость преодоления себя, радость победы над собой. А иной два раза стукнет молотом, поймёт, что это труд, бросит и начинает ныть, есть и такие, кто вроде бы и куёт упорно, а всё неказисто получается. Так что в жизни, как и в любой работе, необходимо трудолюбие и талант. Именно талант жить, а не прожигать жизнь.

Глава 4

Нашему поколению досталось: перестройка, потеря исторической родины (переезд из Казахстана в Россию). В России я живу с 1995 года, но назвать себя русской, язык не поворачивается. Хотя по паспорту русская и гражданство российское у меня. Как я его делала лучше не вспоминать, все муки ада прошла. Вы, скорее всего, подумаете: «Зачем вы уезжали из Казахстана?». У меня нет ответа на этот вопрос. Сама часто задаю его. Страшно просто было, непонятно и страшно. Всё вокруг разваливалось, всё что жило, дышало и цвело. Не было электричества, отопления. Выехали учителя, врачи. Я бы никогда не уехала из Казахстана. Но мой бывший муж хорошо меня знал и надавил на мою больную кнопку под названием «родительский долг», и она сработала. Он просто сказал, что у детей в Казахстане нет будущего. Потом я поняла, что надо было просто переждать. Но отступать было некуда, пришлось закрепляться на сибирской земле, куда нас занесло, можно сказать, случайно. Вот и закреплялись, как могли.

Глава 5

Только сейчас понимаю, что в Казахстане на целине произошёл естественный человеческий отбор, потому что в тех сложных условиях подъёма целины выживали самые сильные, самые целеустремлённые. Мы жили, как написала мне одна знакомая, большой и дружной семьей. Все вместе радовались и горевали. За детей можно было не бояться, если ребёнок ушёл далеко от дома, его обязательно кто-то остановит и вернёт домой, а если ребёнок нашкодит, то и пожурят по-отечески.

Я выросла в среде, где дух коллективизма был на высшем уровне, Макаренко бы позавидовал. На целине без этого духа люди были обречены. Вспоминаю, как мои родители зимой ездили в райцентр, который находился в сорока пяти километрах от нашего совхоза. Зимняя дорога была в ту пору «дорогой смерти». Сколько людей замёрзло на этой дороге. Однажды мои родители тоже чуть не погибли, автобус попал в метель, видимость нулевая, ехали по грейдеру, других дорог не было, везде снежные барханы. Люди стали замерзать, у кого-то нашлась бутылка водки, собрали кое-что перекусить. Автобус встал, дождались трактор «Кировец», но видимость-то была нулевая, стемнело. Мой отец в лёгких туфлях с белой тряпкой шёл впереди, показывал дорогу, для того чтобы трактор и автобус не съехали в кювет. Трактор тащил на буксире автобус. Вот так всю дорогу мужчины бежали впереди, показывая дорогу.

Кто жил в Казахстане, тот знает, какие бураны бушевали в те годы. Дома заносило с крышами, люди рыли траншеи, накрывали их шифером или досками. Короче, мои родители домой вернулись под утро. Нас, троих детей, дома не было, нас из садика к себе домой забрала нянечка. И это всего один эпизод без преувеличения «героической» жизни моих земляков и моих родителей. Хочется рассказать всему миру, в какой среде мы росли, чем жили.

Вспоминаю праздники, в Доме культуры собирались все: и стар, и млад. Ставили стулья в проходах, потому что мест в кинозале не хватало. Мой папа всегда хорошо пел, он обладал прекрасным басом. До сих пор вспоминаю, вечера, которые организовывала моя мама. Мои родители были настоящими коммунистами, жили и работали, полностью отдавая себя работе, и нас научили.

Ярким воспоминанием остался в моей памяти один из концертов, посвященных первоцелинникам. Мама проводила его, как Валентина Леонтьева передачу «От всей души». Люди плакали, возвращаясь в молодость, понимая, какой сложный и славный путь они прошли. Мама рассказывала про одну первоцелинницу, Гецман тётю Лиду. Она хорошо пела, и вот выходит мой папа, высокий красивый и начинает ей подпевать: «Шумит, шумит пшеница золотая...». До сих пор с дрожью вспоминаю этот момент, все плакали в зале. Сколько искренности было во всех этих концертах. Не профессионализма, а душевности и искренности.

Родители мои были заядлыми спортсменами, особенно папа, и нас научил, и спорт поднял в совхозе на должный уровень. В школу пришли физруки энтузиасты, спортзал не закрывался, народу было много, и мы дети там же. Уже в шестом классе я впервые поехала на соревнования по волейболу, сначала «на район», потом «на область». Спорт занял одно из главных мест в моей жизни, у нас был хороший тренер, Сивагин Владимир Анатольевич, он тоже отдавался работе полностью. Спасибо ему за нас непутёвых детей. Наш физрук Скрипник Сергей Павлович был очень строгим и требовательным, мы умели все: и по канату лазать, и через планку прыгать. Потом, работая в российских городских школах и наблюдая за тем, как проводятся уроки физкультуры, я понимала, что наши уроки проводились на уровне, что современные дети совсем не владеют элементарными спортивными навыками, если только они не спортсмены.

Практически каждые выходные устраивались спортивные мероприятия. Сейчас трудно в это поверить, но назову волейбольные команды: ЦК (центральная котельная), бригада № 1, бригада № 2, животноводство. Спортсмены с животиками — это, конечно же, управление. Люди не только работали, но и занимались спортом, пели в хоре, активно посещали библиотеку.

Как я любила свою родную землю! Каждую весну я вспоминаю наши бескрайние степи, ни с чем несравнимый запах степных трав и цветов. В начале мая в степи зацветали тюльпаны, они меньше садовых по размеру, но как они прекрасны, сколько оттенков красного, розового цветов, не передать. Давно загадала, что придёт время, и я вернусь домой, уйду, как когда-то далеко в степь, лягу на землю и буду слушать ветер, пение жаворонков высоко в небе, вдохну аромат цветов, полюбуюсь степными тюльпанами и мысленно поговорю с матушкой-степью. Расскажу ей о том, где была, как жила. Мне есть, что ей рассказать. Но самое главное то, что я всегда мысленно была с ней рядом, ведь она меня взрастила и вскормила на своей груди.

Ещё в далёком детстве я часто уходила в степь и мечтала, мечтала. Будучи ребёнком, я могла часами наблюдать за облаками и представлять сказочный мир, который, как мне казалось, находился на облаках, мне представлялись огромные, красивые замки, интересные необычные люди. Часто увидев красивый пейзаж, я плакала, что не могу его нарисовать или как-то запечатлеть. Нет, фотография не передаёт всей живой красоты, и сейчас нет той совершенной техники, которая могла бы передать всю ту внутреннюю красоту живой природы, душевную красоту человека. Хотя душа человека в его глазах, во взгляде.

Глава 6

Какую-никакую, а тихую гавань себе и детям я обеспечила в виде двухкомнатной квартиры в небольшом уральском городке под названием Миасс, куда меня с детьми занесло после десяти лет проживания в Сибири. Вообще интересная штука — жизнь, я определила жизнь как вечную борьбу с самим собой, со своими страхами и сомнениями. Столько лет чего-то хотелось, а сделать шаг к своей мечте было страшно, сколько за эти годы было придумано отговорок для себя любимой. В то время я искренне считала, что это не отговорки, а не преодолимые препятствия.

Не помню точно, когда это началось, наверное, когда закончились все отговорки, и действительность реально показала, кто есть кто. И меня прорвало, я начала форсировать жизнь. Во-первых, мне необходимо было разобраться в себе, понять кто я, на что способна. Следующий этап — разобраться в жизни, понять её закономерности. С этим проще, поступив в аспирантуру, я стала активно познавать мир. Вскоре я совместила зарабатывание денег с познанием, стала делать контрольные, курсовые, дипломные работы по разным предметам. И последним шагом была смена работы. Школу я сменила на вуз.

К сожалению, смена работы не решила финансовых проблем, денег на отдых не было. И вот в один прекрасный день меня так всё достало, наконец-то я вспомнила, что являюсь обладателем головы, умеющей думать. Стала думать и придумала. План был таков: совместить полезное с приятным, то есть отдых с работой. Кавказ для меня был незнаком, было принято решение рисковать и ехать на «русский авось». Так я и сделала в прошлом году. После долгих поисков работы (всё-таки мне удалось найти её в детском саду в центре Сочи с проживанием и питанием). Моя основная работа «сидячая», и мне хотелось активного отдыха. Детский сад мне обеспечил такую активность, что к вечеру валилась с ног от усталости. Садик находился на вершине горы с видом на море. Иногда ветер приносил запах моря. Вечерами после работы я с коллегой и такой же мореплавательницей, как и я, уставшие, спускались к морю, и плавали, плавали...

Затем сидели на набережной, пили кофе, ели мороженное. В такие минуты я испытывала чувство умиротворенности, усталость как рукой снимало.

Я не раскаиваюсь в том, что получила бесценный опыт работы в детском саду с четырёхлетними детьми. Всю жизнь я учусь многому у детей, а вот у взрослых давно уже не учусь. Дети дают те знания, тот бесценный опыт, которые мне очень помогают в моей основной работе, дети очень ярко отражают мир взрослых, с его проблемами и недостатками.

Работа с детьми в этом году заметно пополнила мой словарный запас, чего стоят такие слова и словосочетания, как «мерзкие дети», «убитель тёть», «грёбла» (вёсла).

Как можно не любить детей, они столько дают нам взрослым, просто это надо осознавать и принимать и отвечать тем же. Когда я ехала в Абхазию, была вся разбалансирована, артроз, позвоночник, остеохондроз, давление, весь этот букет сопровождался дикими головными болями. И что, домой еду похудевшая, постройневшая, ноги в отличной форме, спина и позвоночник тоже. А в чём секрет? Да, море — природный целитель, это бесспорно. Но есть ещё один природный целитель — дети. Какие заплывы мы устраивали, не просто заплывы, мы ныряли, прыгали с вышки, играли в воде. С детьми просто так не поплаваешь, всё время максимум затрат энергии, вот отсюда хорошая физическая форма. Дальше, легла позагорать, а тут снова дети, они прыгают на тебе, складывают на спину горячие камни, растирают песком. Кажется, что надо их отругать.

Зачем? Вот вам бесплатно массаж, прогревание, растяжки. И позитив, огромный позитив, когда дети к тебе тянутся. Они ведь и заботиться могут, иногда удивляешься, когда ребёнок семи лет проявляет взрослую заботу о тебе, стареющей тётеньке. Да просто надо тоже иногда впадать в детство, становиться детьми, а не сидеть и часами обсуждать всех знакомых и незнакомых.

Глава 7

Заканчивается третий месяц пребывания на Чёрном море, это время проведено мною с огромной пользой. Огромный заряд бодрости привезу я домой, в голове за это время созрело много планов, проектов. Дай бог мне удачи.

Предыстория моего путешествия на Чёрное море получилась длинной, но содержательной. Долгими зимними ночами я буду вспоминать ласковые морские волны.

Как прекрасно море в полнолуние, я плавала по лунной дорожке. В этот момент чувствуешь себя необыкновенно красивой русалкой с серебристыми волосами. Так и хочется сесть на камень и запеть прекрасную песню, понятную только нам, русалкам. Петь так, чтобы песня лилась, как музыка души, чтобы её звуки отражали красоту моря, шум волн и умиротворение. Море даёт ощущение бесконечности, это ощущение не покидает, когда заплываешь далеко за горизонт, всё время хочется плыть всё дальше и дальше.

В Чёрном море господствуют дельфины, и грех не написать немного о них. Дельфины дефилируют вдоль берега. Величественно, не спеша, периодически исчезая в морских глубинах. Такое чувство, что они догадываются, что в это время тысячи человеческих глаз внимательно за ними наблюдают. Такое чувство, что они специально не спеша проплывают вдоль берега, подставляя солнцу то один бок, то другой. Таким образом, они дают людям возможность налюбоваться собой.

Заканчивается моё путешествие и заканчивается моя история длиною в девяносто три дня, и я подумываю, куда бы рвануть в следующее лето.

МОЯ ПРОФЕССИЯ - ПЕДАГОГ

Глава 1

Мое становление как педагога началось задолго до того момента, как я выбрала эту нелегкую, но интересную профессию.

Это началось, когда мне было примерно шесть лет, и, я уже умела хорошо читать, а так же писать много разных слов печатными буквами. Так как в детстве я много болела, то в садик практически не ходила, и выросла дома, часто оставаясь в одиночестве, пока родители были на работе. В течение всего дня мне предоставлялась полная свобода. Моим основным увлечением в те годы было рисование, причем рисовала я одни тюльпаны, и дарила их родственникам.

Самой любимой моей игрой в те годы была игра «в школу». В моей школе все было по настоящему: список учеников, заботливо написанный в простой тетрадке большими печатными буквами, уроки математики, чтения, русского языка. Я была и учителем, и воображаемыми учениками. Как учитель, часами объясняла своим ученикам, как надо складывать числа, или правильно читать слова, а еще к тому времени я знала много стихов наизусть и любила петь. Каждый раз мне приходилось быть то учителем, то учеником. Как учитель, строго оценивала знания учеников, и часто ставила большие корявые двойки. Кто бы тогда мог подумать, что с педагогикой будет связана вся моя сознательная жизнь. Что эта профессия станет моим призванием, и попытки сменить ее, уйти в другие сферы потерпят фиаско уже на начальном этапе.

Вообще-то, как и все советские дети, в детстве я мечтала стать космонавтом, летать на ракете на разные планеты. В моем детстве не было таких слов, как инопланетяне или НЛО, но звезды то были, огромные и не очень, тусклые и очень яркие. Они манили, звали. И хотелось просто слетать к ним, чтобы посмотреть, что же там есть такое, чего не знаю я. Воображение рисовало нереальные картинки, мне казалось, что там на других планетах живут необычные красивые сказочные волшебники, которые могут делать разные чудеса, свободно перемещаться по воздуху. Но моей мечте не суждено было сбыться, так как к переходному возрасту появилась уже другая мечта - пойти служить в армию.

В советские времена это было престижно для мужчин, и не очень распространенно для женщин. И все-таки в армию хотелось. Привлекала армейская романтика, а еще больше армейская форма.

И только в восьмом классе я по-настоящему и надолго увлеклась математикой. Как прозрела: если до этого математику «читала по слогам», то вдруг неожиданно для себя, поняла, как «из слогов составляются слова». Математика меня увлекла настолько, что придя домой после школы, я садилась за решение каких-то задач, и посвящала этому занятию не один час. Уже тогда я поняла, что математика «слабых» не любит, что каждое, найденное мною решение, это маленькая победа над собой.

Но у меня было и другое серьезное увлечение – спорт. Вопрос: «кем быть?» к восьмому классу решен был окончательно. Так как в ближайшем будущем покидать свой родной совхоз не входило в мои планы, то выбор передо мной стоял не большой. В совхозе было всего две престижные профессии: учитель или бухгалтер. Представляя себя бухгалтером, я впадала в уныние, потому что перспектива провести всю оставшуюся жизнь в пыльном кабинете среди тонны бумаг, меня не радовала. Поэтому оставалась одна профессия, которая хоть как-то гарантировала мне массу ярких впечатлений, и насыщенную событиями жизнь. А вот решить дилемму: быть учителем математики или физкультуры, было очень трудно, так как эти увлечения для меня оказались равнозначными.

Но, как это часто бывает, жизнь сама расставила все на свои места. По окончании десятого класса, я планировала, год не учиться, так сказать «отдохнуть». Но моя мама думала по-другому. И задолго до окончания школы, начала меня «обрабатывать», подкидывая варианты поступления. И добилась - таки своего, уговорив поехать поступать вместе с подругой и одноклассницей Людмилой в Целиноградский государственный педагогический университет им. С. Сейфуллина (ныне Евразийский университет, город Астана).

Я ехала с твёрдой уверенностью, что провалю первый экзамен и вернусь домой. В советское время поступить в институт нам деревенским девчонкам было практически не возможно. К тому же, на некоторые специальности конкурсы «зашкаливали»: по десять человек на место. Целиноград в то время был одним из крупнейших городов Казахстана, и соответственно вузы имели высокий рейтинг. Поэтому я не особо надеялась на то, что мне удастся поступить с первого раза.

Мама убедила меня, что надо поступать на физико-математический факультет, так как женщина физрук – это не профессия.

- Родишь, поправишься. И какой из тебя тогда физрук, – частенько говорила она.

И вот первый экзамен по математике. Я к нему не готовилась совсем, пришла на экзамен в полной уверенности, что провалю его. Но моим ожиданиям не суждено было сбыться, экзамен по математике я сдала. Так же сдала физику. Ну а русский сдать было уже делом чести. Как сейчас помню, что писала сочинение на свободную тему о реформе образования. Это был 1986 год, когда мир вокруг стал заметно меняться. Кто тогда знал, что реформа образования затянется на неопределенное количество лет. И что данная тема останется актуальной до сегодняшнего времени.

И вот мы с подругой стоим перед стендом, на котором вывешены списки тех, кто прошел конкурс и зачислен в институт, и внимательно изучаем. Нахожу себя в списках, зачисленных на первый курс физ-мата в группу 146 «А», в этой группе собраны все медалисты, и абитуриенты с хорошими аттестатами. Подруга же, не поступила, провалила последний экзамен по истории, не ответив на вопрос по двадцать шестому съезду КПСС (сейчас звучит смешно, тогда это была реальность). Она поступила на год позже.

И вот стоим мы у стенда и плачем. Я, потому что не хочу оставаться одна в этом большом городе, подруга, потому что не поступила.

Отучилась в вузе я всего два года, и вышла замуж и перевелась на заочное отделение. Но с благодарностью вспоминаю своих педагогов. Трудно было, очень трудно, оказалось много пробелов в школьных знаниях. Поэтому с первых дней учебы, пришлось основательно сесть за учебники. Но эти годы сыграли решающую роль в моем становлении, в моей дальнейшей деятельности как педагога, и в частности, учителя математики.

Глава 2

И так, мне девятнадцать лет, месяц назад я вышла замуж и устроилась на работу в родную школу. Совсем девочка, глупая, наивная. А ведь мне тогда так не казалось. Я считала себя достаточно сформировавшейся личностью. Первые мои ученики были не на много меня моложе, но это понимаю только сейчас. Тогда казалось, что между нами не преодолимая пропасть.

Первая трудность, с которой пришлось столкнуться – это мои бывшие учителя, которые в одночасье стали моими коллегами. Сложно было поменять свое восприятие, к тому же при ближайшем рассмотрении, они оказались обычными людьми, со своими, порой не простыми, характерами. Раньше, когда я училась в школе, для меня эти люди были непререкаемыми авторитетами. С детства нас учили, что учитель всегда прав. Но окунувшись в эту среду, с первых дней стала понимать, что не всегда учитель прав, что это общепринятое заблуждение. К такому открытию, я была не готова, и долгое время испытывала разочарование, а потом привыкла.

В конце августа 1988 года состоялся мой первый педсовет. Распределяли нагрузку на год. Мне дали вести математику в шестом классе. О, что это был за класс! Это было мое боевое крещение, мой пропуск в профессию.

Помню, как в первый раз вошла на урок и осталась с классом один на один. Как говорится: глаза в глаза. Ноги подкашивались от ужаса. Меня конечно, в серьез никто не воспринял, весь урок стоял не прекращающийся гвалт. Я пыталась перекрикивать их, но бесполезно. Весь класс стоял на «ушах». Особенно мне запомнился главный герой, по прозвищу Мурзик. Мальчик-казах, очень подвижный, резкий в своих движениях и высказываниях. Он кричал больше всех, явно проверяя меня на нервы, при этом почему-то плохо отзывался обо всех моих родственниках, которых знал или не знал. Было такое ощущение, что именно мои родственники успели поучаствовать в его судьбе, и сделать его жизнь невыносимой. Меня это очень возмущало, я вступала с ним в споры, пытаясь призвать его к порядку, но делала хуже только себе. Голос срывался, а результат был нулевой. Весь класс соответствовал уровню Мурзика: дисциплины никакой, мотивация к предмету отсутствовала совсем, наработанной базы, на которую я могла бы опереться, тоже не было. Не класс, а такая банда «гуляй поле».

Первое время на уроки в шестой класс шла как на смерть, но продолжалось это не долго, помог случай.

Не помню, с чего это началось, но Мурзик бросился ко мне драться. Надо сказать, что в школе я серьезно занималась спортом, да и отец учил меня приемам защиты, считая, что его дочь должна уметь постоять за себя. Короче, Мурзик не понял, с кем он связался. Не понимаю, как это у меня вышло: рефлексивно применила прием самообороны и уложила Мурзика на пол, а затем за шкирку выкинула из класса. Помогли мне старшеклассники, с которыми мы часто пересекались в спортзале. Они быстро оценили ситуацию, схватили Мурзика в охапку и потащили в доступной форме объяснять, кого в школе надо уважать. Я же вернулась в класс, в классе стояла гробовая тишина, на лицах учеников изумление и восхищение. Это продолжалось всего несколько секунд, а потом раздались аплодисменты.

С этого момента проблем с дисциплиной у меня больше никогда не было. Для меня же это был хороший урок. Уже тогда я поняла, что нельзя идти на поводу у класса, что надо устанавливать свои правила, и добиваться полного подчинения этим правилам. Тогда легче наладить с детьми контакт. Мои правила всегда одинаковы: взаимное уважение, умение вести друг с другом диалог, соблюдение правил поведения на уроке, четкое разделение «учитель-ученик», а так же интенсивная работа в течение всего урока. Дети привыкают к такому ритму, и, приходя на урок, сразу настраиваются на работу, а не сидят и не считают минуты до его конца. Я всегда повторяла, повторяю и буду повторять, что когда работаешь, когда чем-то увлечен, время летит незаметно. Работая с классом, много времени уделяла слабым ученикам, и не давала расслабиться сильным. Ведь если упустить слабых, им будет просто не интересно на уроке, и это будет балласт, который в конечном итоге, потянет весь класс в пучину незнаний. А если упустить «сильных», то они тоже потеряют интерес к предмету. Класс должен функционировать как единый организм. Допустим, сильных учеников я всегда привлекала помогать, вытягивать тех, кто слабее, поощряла, когда ребята поддерживали друг друга. Иногда роль помощника доставалась и «слабым», это очень повышало их самооценку и помогало более углублено изучить материал. Часто дети работали в группах, в парах, таким образом, учась взаимодействию. Не было и намека, чтобы кто-то из детей позволял себе сказать, что его сосед, дурак. Я сразу пресекала такие попытки. Со временем дети привыкали и подчинялись моим правилам. Часто можно было даже на переменах увидеть, как один из сидящих за одной партой, что-то терпеливо объясняет другому. При этом моя работа напоминала сеанс одновременной игры: чётко просчитывать действия каждого ученика, регулировать и направлять их в нужное русло.

Передо мной, как учителем, стояла задача: заставить систему, или коллектив учеников работать не зависимо от того, направляю я их действия или нет, то есть автоматически. Научить моих подопечных самоорганизации, и умению самостоятельно развивать умственный потенциал. Это можно сравнить с движением колеса: сначала я раскручиваю колесо, прилагая определенные усилия, а потом оно крутится уже само, при некотором затухании оборотов, я снова его раскручиваю до нужной скорости. Главным фактором этого процесса является формирование мотивации к предмету. Допустим, когда мы сажаем огород, не зарываем семена в неподготовленную почву, только вскопав, взрыхлив, добавив удобрения, мы приступаем к посадке. Вот так и здесь, сначала готовлю почву, чтобы сеять вечное и разумное.

Каким образом происходит процесс мотивации к предмету? Опишу этот процесс подробно.

Приходит ко мне в сентябре новый класс. Абсолютно незнакомые мне дети. Здороваюсь, но никогда не начинаю, знакомится с детьми по списку в журнале, как это делается традиционно. По секрету скажу, что памяти у меня на имена и фамилии нет. Я запоминаю учеников в процессе работы. Первое, что делаю, смотрю в глаза, и оцениваю ситуацию в классе. Моментально в поле зрения попадает группа, сидящая за последними партами, «на Камчатке». Они сели туда не случайно, чтобы отлынивать от уроков. Мимика, жесты и поведение в целом говорят о том, что эти дети уже прошли жесткую систему отбора и попали в разряд неудачников. И моя задача убедить их в обратном. Эта категория детей сразу попадает под мое пристальное внимание, и еще долго будет находиться под особым контролем, пока не перейдет в другую категорию.

Середнячки – это дети, которые сидят как бы в середине класса, но все же это не такая однородная масса, какой кажется на первый взгляд, там есть и сильные ученики, рвущиеся в бой, есть застенчивые, робкие, шустрые, короче всякие экземпляры попадаются. Вот на эту группу я возлагаю свои надежды, именно эти ученики должны стать единым организмом, в котором каждый выполняет строго отведенные функции, и в конечном итоге, эта группа должна «поглотить» «Камчатку», заставив ее существовать по своим правилам, а не наоборот.

За первыми партами сидят в основном дети, у которых проблемы со здоровьем, или очень послушные и исполнительные, чаще всего это девочки, тихие спокойные, не причиняющие никакого вреда. Их без внимания оставлять тоже ни в коем случае нельзя.

С чего начинается первый урок? Я не приемлю традиционного начала, когда учитель запугивает учеников «ужасными перспективами», заведомо давая им установки на не успешность. У меня другая задача: не обрезать крылья на лету, а научить летать, и тем, у кого этих крыльев нет, вырастить, и тоже научить летать. Просто в этом случае придется затратить намного больше усилий и времени.

На первом уроке начинаю детям рассказывать о том, сколько загадок таит мир, сколько интересного можно узнать, учась и развиваясь:

- Что дают знания, лично мне? Внутреннюю свободу, понимание закономерности того, что происходит вокруг меня, умение менять пространство вокруг себя. Ребята, когда вы впервые переступили порог школы, вы попали в огромную страну знаний. Ее можно сравнить с дремучим лесом. Представьте, что перед вами стоит задача пройти через лес и выйти на широкую асфальтированную дорогу. И поверьте мне, каждый из вас пойдет своим путем. Кто-то полезет в самые дебри, и с помощью неимоверных усилий доберется до дороги, а может так и останется в лесу, потеряв силы и надежду. Кто-то постоит и подумает, и найдет маленькую незаметную тропинку, и выйдет сам, при этом поможет и другим справится с маршрутом. А кто-то так и останется стоять на месте, и никогда не узнает, что там за дремучим лесом, есть широкая дорога. Это его дорога жизни, дорога возможностей и перспектив. А кто-то очень долго будет искать путь, пробуя разные варианты, но в конечном и он найдет выход. Поэтому, ребята, познавая мир, не бойтесь ошибаться. Есть хорошее высказывание, что не ошибается тот, кто не живет, что именно наши неудачи и ошибки есть тот бесценный опыт, который с подвигает нас к необходимости развиваться. Все вокруг нас находится в постоянном движении, или развитии. Если человек перестает развиваться, он недолго находится в равновесном состоянии, начинается обратная сторона развития – регресс, перерастающий в старческий маразм. Этот процесс может начаться в любом возрасте. Не уже ли вам хочется стать к одиннадцатому классу злобными ворчливыми старичками?

- Неееет, мы не хотим стать старыми и злобными. Мы хотим учится, - почти хором, отвечают дети.

Я преднамеренно сгущаю краски. Хотя, сколько деградировавших, еще достаточно молодых людей можно встретить в нашем обществе, не передать. С каждым годом их становится все больше и больше. Смотришь на такую личность, а она кроме дебилизма ничего не выражает. И становится страшно и грустно.

Затем, поверхностно рассказываю детям о каждом из них, обосновывая свои умозаключения, и подчеркивая, что руководствуюсь не мистикой, а конкретными знаниями. Давая детям характеристику, стараюсь подчеркнуть лучшие стороны их характеров, и корректно объясняю, над чем им надо поработать. В процессе знакомства, даю интересные задания на воображение, быстроту реакции, применяя различные игровые формы. Обычно после первого знакомства дети, «улетают» окрыленные, поверившие в свои силы. Но это первый успех, дальше предстоит кропотливая работа.

На начальном этапе, много времени приходится уделять тому, чтобы подробно разъяснять те процессы, которые происходят с детьми. Объясняю им, что в учении как в спорте, нет легких путей. Что я требовательный «тренер» и помощник в одном лице. Моя задача: направлять, регулировать, и вовремя оказывать помощь. А для этого очень важно учиться разговаривать с детьми на одном языке. Всю свою жизнь я учусь объяснять даже самое необъяснимое, доступным языком, подбирать понятные для той или иной категории детей, формулировки. Но это не односторонний процесс, я не просто объясняю материал, а постоянно втягиваю в процесс познания весь класс.

Такое взаимодействие возможно только в том случае, если учитель находится в постоянном саморазвитии и самосовершенствовании. Необходимо систематически отрабатывать все свои действия до автоматизма, уметь выдавать разу несколько ответов, быстро вникать в несколько решений, предугадывать и направлять действия учеников, быть в курсе новых тенденций.

Этот процесс сравним с марафонским бегом, когда один человек ведет за собой всю группу, определяя направление движения, и если он будет отставать от группы, то сложно двигаться, постоянно оглядываясь, поэтому направляющий либо рядом бежит, а еще лучше, если на шаг вперед. Никогда не понимала, как можно развивать детей, не зная законов развития. А эти законы не так уж сложны, назову основные: «В основе любого развития лежат противоречия», «Развитие – это постоянное движение».

Глава 3

Работа в школе как-то незаметно накрыла меня с головой. Вскоре мне предложили ставку, а не один класс. Это было в 1990 году, когда я вышла из декретного отпуска, после рождения старшего сына. Начался новый этап моего становления. В это время уже был определенный опыт работы, начинал вырабатываться собственный стиль. Мне дали классное руководство в седьмом классе. Класс сложный, много внутренних противоречий. Меня они приняли тоже достаточно холодно, все время, стараясь игнорировать. Но в своих просьбах или требованиях я была настойчива. Уже тогда меня заинтересовал вопрос бесконфликтного взаимодействия с детьми. Мне хотелось выработать определенную форму поведения, когда до учеников доходят твои слова, как бы по волшебству, без особых усилий. То есть надо было научиться воздействовать на их сознание и давать четкие установки на подсознание. Это бы серьезно облегчило мою работу, и избавило меня и учеников от ненужных потрясений.

Но были свои сложности: во-первых, практически никаких знаний у меня в данной области не было, только одно желание; во-вторых, сельские дети всегда отставали от городских в умственном развитии, потому что они с детства приучались родителями, в основном, к физическому труду. Эти дети были более закомплексованы, имели плохо развитую память и не умели выражать свои мысли. Бывало, задашь вопрос, и после продолжительной паузы сам на него и отвечаешь. Чтобы хоть как-то сдвинуть ситуацию с мертвой точки, приходилось много заниматься индивидуально на дополнительных занятиях. Было очень сложно, но я не сдавалась, применяя различные формы проведения уроков в поисках тех оптимальных вариантов, которые принесли бы положительный результат.

Мой звездный час наступил, когда я вышла из второго декретного отпуска. Мне дали вести математику в седьмом классе. Почти одни мальчишки, подвижные, смышлёные все как на подбор, рвущиеся к знаниям. Класс изначально был запрограммирован на учебу, на развитие. И мы стали развиваться: ученики и я. В то время о компьютерах только слышали. Но в моем кабинете на каждой парте стояли большие калькуляторы, и мы увлеклись программированием. На этих калькуляторах можно было решать даже квадратные уравнения, предварительно составив программу. Уроки проходили насыщенно и интересно, те ребята, которые быстро справлялись с заданиями, помогали мне подтягивать отстающих. Постоянные дискуссии, диалоги, рассуждения, размышления. Какое счастливое время было. Очень многому научили меня эти дети. Но так было не всегда.

Были в моей практике и очень сложные, педагогически запущенные дети. Как правило, они неохотно шли на контакт, стараясь оставаться в тени. Но у меня был к ним свой подход. Сколько раз мысленно благодарила своих родителей, прививших мне любовь к спорту. Я играла в баскетбол, волейбол, гандбол, футбол, ходила на лыжах, играла в шахматы, шашки. Так вот, этих ершистых и непокорных детей я заманивала в спортзал, и там, в процессе игры мы находили общий язык и становились друзьями. Со спортзала начиналось наше бесконфликтное общение, которое плавно переходило в школьный класс. А еще я очень часто улыбалась, шутила, и многие дети не могли устоять перед моим обаянием.

Таким образом, постепенно у меня вырабатывался свой подход к преподаванию предмета и воспитанию своих учеников. Еще на начальном этапе я дала себе установку: «Плохих детей не бывает, бывают педагогически запущенные». Просто педагогически запущенные дети требовали больше внимания и терпения.

Как говорится: «Терпение и труд все перетрут».

Проходило какое-то время нашего взаимодействия, и из общей массы начинали выделяться те, кому не хотелось больше ходить в аутсайдерах, те, кто понял, как надо «летать». Это были мои первые маленькие победы.

В 1995 году с семьей я переехала в красивейший сибирский городок Междуреченск. Природа поразила своей красотой, многообразием красок. После нашей неброской степной красоты, трудно было привыкнуть к таежному великолепию. Три года я на все смотрела, широко раскрыв от восторга глаза, потом стала привыкать.

Работать пошла в центральную школу города. Это были лихие девяностые. Молодежь осталась на улице без присмотра родителей и детских организаций, процветали детская преступность и наркомания. На моих глазах погибали умные мальчишки, погибали от наркотиков.

Я помню, как пришла устраиваться в школу. Директор школы Гапоненко Ольга Юрьевна, яркая брюнетка, в светло-зелёном платье, произвела на меня неизгладимое впечатление. Она побеседовала со мной и приняла решение взять меня на работу, но часов математики было мало, и Ольга Юрьевна предложила взять часы ОПТ (общественно-полезный труд). Поработать в новом качестве, мне было не суждено. Тридцать первого августа уволился учитель математики, и мне дали полную ставку. Закатив рукава, я включилась в работу. Мне необходимо было доказать, что я перспективный молодой педагог.

Именно в этой сибирской школе успешно продолжилось мое формирование, как учителя, формирование индивидуального подхода к преподаванию такого сложного предмета, как математика. В девяностые годы школы активно внедряли в педагогическую практику наработки ведущих учителей-новаторов. Конечно, я была в первых рядах. Мне предложили разработать и внедрить в средних и старших классах систему Л. Я. Занкова.

Чтобы что-то внедрять, надо сначала это изучить. Основательно изучив систему Занкова, я взяла только те приемы, которые были мне близки. Мне нравилось в занковской системе то, что учитель не навязывает детям догмы, а вместе с ними, путем рассуждений и подробного разбора деталей, приходит к определенным умозаключениям.

Надо отдать должное учителям начальной школы, они закладывали хорошие традиции. Дети умели цивилизовано спорить, логически мыслить и рассуждать, не превращая урок в балаган. На уроках часто получалось так, что в обсуждении темы учувствовал весь класс, в том числе и я. Я как дирижёр направляла класс, задавая тон. Так же спорила, задавала классу каверзные вопросы. Занковские классы отличались особой подвижностью мозгов и всего тела. Те учителя, которые не смогли их увлечь, сталкивались с неконтролируемой атомной энергией, сносившей на своём пути все преграды. В это время моим лозунгом стал лозунг: «Атом в мирных целях!». На уроках «перелопачивали» огромный объем по той или иной теме, соблюдая основные принципы занковской системы: высокий уровень сложности и быстрый темп урока, чтобы не оставалось времени на всякие шалости.

Вот, например, урок в пятом классе. Изучаем прямоугольный параллелепипед. Черчу на доске прямоугольник и квадрат, на столе стоят макеты многогранников. Перед тем как начать урок, проговариваю тему, наши цели и задачи, повторяем, пройденный материал, разбираем домашнюю работу. Переходим к теме: «Прямоугольный параллелепипед». Спрашиваю детей, что они видят на доске. Сережа Колчев первым тянет руку:

-Это прямоугольник.

- Почему ты так решил? – спрашиваю я.

Сережа начинает называть основные признаки, по которым он определил, что перед ним именно прямоугольник.

Я не успокаиваюсь и говорю:

- Странно, но под эти признаки подходит квадрат? Чем же они отличаются друг от друга?

Лес рук, встает Зарубин Антон, и говорит:

- Сережа не прав.

И выходя к доске, объясняет, в чем заблуждается Сережа.

Я внимательно слушаю ответы детей, по ходу задавая наводящие вопросы, и разбирая подробно различные понятия. Важно не уйти в сторону от темы, потому что, разбирая понятия, можно потерять суть проблемы, в то же время, нельзя оставлять без ответа ни одного, возникшего в процессе обсуждения, вопроса. Но я же «дирижёр», поэтому отклоняясь на время от заданной темы, возвращаю свой «оркестр» в нужное русло. В конце урока мы обобщаем все, что наговорили и договариваемся, какое определение многоугольника и многогранника берем за основу. Урок проходит в доброжелательной обстановке, по Занкову: «высокий уровень сложности», и «от простого к сложному», а конечная цель нашего учения – это развитие логического мышления учащихся.

Через год работы в школе, мне доверили вести уроки математики в классах до вузовской подготовки при Томском политехническом университете. Как я волновалась, что не справлюсь, но первый шаг сделан, отступать не в моих правилах.

В первый класс до вузовской подготовки набирали учеников со всего города. Набрали класс из 25 человек, всего одна девочка, остальные мальчишки. Проводились уроки в актовом зале. Помню свой первый урок. Захожу, здороваюсь, представляюсь, привычно окидываю взглядом класс, и что же вижу: двадцать с лишним мужиков, с явным влиянием улицы, и всеми ее прелестями. Мальчишки как на подбор рослые, не по возрасту крупные. Первоначально они меня вообще не оценивали, как учителя, они меня оценивали, как женщину. Важно было заслужить у этой уличной банды уважение и научится ей управлять.

Подавив свое волнение, начала говорить. Уже тогда я понимала силу слова, силу голоса. Мне от природы достался сильный голос, поэтому особенно напрягаться, чтобы меня услышали, не приходилось, только иногда я делала тон повыше и все. Я всегда говорила спокойно и уверенно, это тоже сильно влияло на аудиторию. Именно таким голосом даются установки на подсознании. Много раз в жизни наблюдала, как люди начинали мне подчиняться, видела удивление в их глазах, не понимание и вопрос: почему, они делают так, а не иначе. Вроде бы я не делаю никаких резких движений, а все под контролем и идет по моему сценарию. Моя знакомая как-то сказала:

-Я все время удивлялась, что на твоих уроках всегда рабочая обстановка, при этом ты не кричишь, не ругаешься. И наконец, поняла, ты держишь класс собой, своей энергетикой. Но это же сложно.

Нет, для меня не сложно. Чтобы держать класс своей энергетикой, необходимо быть просто увлеченным человеком, любить то, чем ты занимаешься и любить тех, с кем ты занимаешься. Вот мои основные принципы. Никогда я не позволяла свои личные проблемы переносить на детей. Хотя жизнь била и порой жестоко. Приходя на работу, абстрагировалась от всего, что на меня свалилось, и с головой погружалась в работу, в детские проблемы. И то, что для меня казалось невыносимо больно и имело огромное значение, становилось мелким, не актуальным. Когда ты относишься с уважение к ребенку, он из кожи вылезет, чтобы доказать, что он хороший. Детям много не надо, просто вовремя сказанное доброе слово и похвала.

Каждый раз, приходя в новый класс, я проходила своеобразную проверку. Ученики это такая особая группа людей, которая чутко реагирует на твое внутреннее состояние, и всегда пытается проверить тебя на нервы, ища слабые звенья в твоем поведении. Но мне повезло, спорт помог выработать железное самообладание. Еще в начале своего пути, я заметила, что когда учитель срывается на крик, он проигрывает. Дисциплина и продуктивность от этого не повышаются, а нервная система заметно расшатывается. Если с первых дней знакомства с классом, научить детей общаться, показать, как это делается. То проблем во взаимодействии с классом становится гораздо меньше. Но дети, на то они и дети, чтобы бесконечно удивлять и держать учителя в тонусе. Экспромт - это одна из составляющих взаимодействия учитель-ученик.

Помню, как я реагировала на провокации учеников. Шестой класс, май месяц, за окном бурное цветение черемухи, сирени, разноголосое пение птиц. Захожу на урок, на столе кулек, по глазам детей, понимаю, что меня ожидает сюрприз. Мысленно прокручиваю варианты: «Если мышь, то ничего страшного, выдержу. Хотя не скажу, что мне приятно будет брать эту серую тварь в руки. Главное, чтобы не змея, змею я не переживу».

Пока идет мыслительный процесс, на лице полное спокойствие. Дети напряжены, ждут моей реакции.

«Не дождетесь» -думаю я, и беру кулек в руки.

Увиденное превзошло все мои ожидания. В кульке майские жуки. Я не переношу насекомых, но сохраняю полное самообладание, и говорю:

- Господи, кто ж над вами так поиздевался. Бедные, бедные жуки. В нашем классе учатся дети с каменными сердцами.

Внутренним зрением вижу разочарование класса, им же хотелось, чтобы я завизжала как сумасшедшая, отпрыгнув от жуков на приличное расстояние. Но, увы.

Пользуясь тем, что жуки практически в моих руках, с интересом их рассматриваю, а затем, обращаясь к классу, говорю:

- Гуманисты в классе есть? Например, ты Рома?

Ромка Астафьев, красивый мальчик с большими темными глазами и длинными ресницами, смущенно краснея, встает из-за парты.

Я спокойным голосом говорю:

- Рома, пожалуйста, верни этих несчастных жуков на природу.

Рома берет кулек и отправляется на выход. А мы начинаем урок. Ученики разочарованы, сорвано такое представление. Зато мне хочется прыгать до потолка, скакать по классу и орать во все легкие:

- Ну что получили? Один: ноль в мою пользу.

Но нельзя, сейчас я играю роль учителя, и полностью сжилась с образом. Только чертики в моих глазах меня выдают.

Чем старше ученики, тем серьезнее провокации. Вот и в классе до вузовской подготовки мне запомнился один случай.

Урок идет в актовом зале, я стою на кафедре, как бы возвышаясь над учениками. Записываю на доске и тут же проговариваю тему: «Деление многочлена на многочлен столбиком или «уголком»».

За первой партой сидит Елькин Слава, подвижный, прошедший хорошую уличную школу, типичный представитель поколения 90-х годов. Он тоже записывает тему, и тут же задает вопрос:

- Какого члена?

Класс замер в ожидании. Делаю педагогическую паузу, много раз меня эта пауза спасала. Поворачиваюсь лицом к классу и говорю:

- Я имела ввиду многочлен, а ты о чем? У тебя какие-то комплексы?

Кто-то громко захихикал, кое-кто стал подшучивать над Славой. Я наблюдаю, чтобы это не переросло в пошлость. Слава краснеет, извиняется. И мы продолжаем урок.

Какой это был класс! Уроки проходили на высочайшем уровне сложности. По нескольку оригинальных решений выдавали мне мои мальчишки за урок. Моей задачей было: не сделать их стандартно мыслящими, не задавить, а развивать их огромный потенциал, вникать в каждое решение, понимая, насколько это оригинально, найти несоответствия или подчеркнуть оригинальность. Многие из них, к сожалению, сейчас успешно работают заграницей. В процессе нашей работы, отношение ко мне стало рыцарско-снисходительным. Они, как истинные мужчины оберегали меня, уважали. Часто на переменах мы устраивали разные дискуссии по поводу того, что творится в стране, в городе, о последствиях этих процессов. Как интересно было слушать мнение этих уличных свободномыслящих вундеркиндов.

Второй класс до вузовской подготовки отличался от предыдущего тем, что набран был в основном из детей новых русских. Сложные дети, избалованные, не терпящие никакого насилия. Учился в этом классе Миронов Кирилл. Много воспоминаний связано именно с ним. Не высокий, коренастый, белобрысый, в общем-то, не глупый, он был типичным представителем детей новых русских. Недостаток роста Кирилл компенсировал большим кошельком с деньгами. Он постоянно водил с собой двух длинноногих девиц, периодически показывая им содержимое кошелька. Его все время задевало мое полное игнорирование его значимости. Помню, как однажды мы вели дискуссию, и он мне сказал:

- А Вы не боитесь, что я стану президентом и отправлю Вас в ссылку.

Мне стало весело от такой перспективы, и я смеясь, ответила:

- Нет, не боюсь. И так всю жизнь по этапу хожу: Казахстан. Сибирь. Куда ты меня еще хочешь отправить? Только на Колыму? Но и там люди живут. Да и не буду я сидеть, сложа руки, создам оппозицию, чтобы бороться с таким нерадивым правителем. Так что учись, Миронов. Других перспектив я пока не вижу.

Кирилл разочаровано вздохнул и сказал:

- Да, Вас ничем не запугаешь.

А вот еще смешной случай, связанный с Кириллом. Вторая смена первый урок. В окно светит яркое весеннее солнце. В кабинете тихо, идет контрольная работа. Дверь кабинета открыта, так как в классе душно. Вдруг в дверном проеме появляются два «шкафа», полностью закрывая его своими могучими телами, это, как я потом узнала, охрана Кирилла. Одно из тел произносит басом:

- Господина Миронова можно?

Весь класс замер, ожидая моей реакции. Привычно включаю педагогическую паузу и сохраняя полное спокойствие выдаю:

- Господин Миронов выйдите, пожалуйста, и не забудьте надеть фрак.

Дружный хохот и аплодисменты. А я мысленно говорю: «Спасибо, Господи, что наградил меня чувством юмора, которое меня спасало в любой жизненной ситуации».

После этого случая, каждый раз, когда Кирилл вел себя неподобающим образом, я обращалась к нему с одной и той же фразой:

- Господин Миронов, Вы ведете себя не подобающим образом. Господа себя так не ведут.

Этот класс был опасен тем, что если ты как учитель и человек не пользуешься у них авторитетом, то ты никто и зовут тебя никак. Я слышала, что на некоторых уроках они позволяли себе материться, полностью игнорируя замечания учителя. Основной болезнью этого класса стали чупа-чупсы. Начинается урок, почти весь класс сидит с чупа-чупсами во рту. Как только с ними не боролись, бесполезно.

И вот он случай «отомстить» – последний звонок. Я долго интриговала класс, говоря, что приготовила для них сюрприз. Но какой это бы сюрприз, держала в тайне. От учителей мы готовили концертную программу. Я и Валентина Павловна, учитель математики играли сценку. Я была молодым учителем, Валентина Павловна моей мамой. Суть сценки была такова, что я молодой учитель, не хочу идти на работу, а мама меня уговаривает. Я естественно, ей что-то отвечаю, но полностью копирую манеру класса, в котором учится Кирилл, при этом во рту у меня чупа-чупс, а в руке бутылка колы. В зале стоял такой дружный хохот, что на время пришлось сделать паузу. И только родители не понимали, чем вызван смех. Они удивленно пожимали плечами, оглядываясь вокруг. После выступления, ко мне подошел весь класс, и кто-то сказал:

- Такого мы от Вас не ожидали, здорово вы нас....

Глава 4

Так распорядилась жизнь, что в 1995 году я оторвалась от своей Родины, а вот пристать к какому-нибудь берегу не получается до сих пор. Все время думаю, где та тихая гавань, в которой я найду свой причал и пущу корни. Моя шутка, про то что всю жизнь хожу по этапу, стала реальностью, только теперь добавился еще один этап – Урал. Это было связано с тем, что в 2005 году я переехала с детьми в уральский городок Миасс. Миасс, по сути, сильно напоминал Междуреченск, только краски менее яркие. В этом городе начался новый этап моей педагогической деятельности. Прежде всего, я поступила в аспирантуру, занялась работой над диссертацией, и устроилась на работу в филиал Челябинского государственного педагогического университета.

Внешне здание филиала напоминало мне школу, в которой когда-то работала мама. С трепетом переступила я порог университета, и осталась в нем на долгие восемь лет.

Снова пришлось основательно сесть за учебники, начиналась новая, как я тогда думала, для меня работа. Но как говорится: «Все новое – это хорошо забытое старое». Работа в вузе меня захватила. Я сутками пропадала на работе, не чувствуя усталости.

Бывало, при болею, еле ползу на работу, а с работы выхожу, бодренько переставляя ноги с улыбкой на лице. Очень многое дала мне работа в этом университете, именно там я научилась совершать поступки вопреки всему, там меня научили, что если есть цель, деньги найдутся. Я поняла, что вся жизнь человека это, прежде всего, борьба с самим собой, со своими страхами и комплексами.

Специфика университета была такова, что мы обучали только заочников. Моими студентами чаще всего были люди уже состоявшиеся в профессии. И вот первый курс, первая лекция, в аудитории человек двести. Снова смотрю в глаза, пытаясь уловить общую мысль аудитории. В глазах страх перед математикой, неверие в свои силы. Все ждут, что я сейчас загоню их в еще больший страх и неверие в свои силы. Но снова, как и много лет назад, привычно начинаю сеять разумное и вечное. Для этого необходимо подготовить сознание студентов к восприятию информации, снять страхи, вселить уверенность в собственные силы. Поэтому знакомство начинаю с беседы. Пусть я потрачу на беседу какое-то время, но потом мне «воздастся», потом мы со студентами «перелопатим» работы в два или три раза больше запланированного.

Передо мной толпа, которая не верит в себя, свои силы, боится мыслить, рассуждать. И я начинаю: здороваюсь, представляюсь, коротко говорю о том, что нас ожидает. А потом начинаю говорить, вижу удивление в глазах, переоценку. Равнодушных нет: кто-то согласен со мной, кто-то еще не знает, как все услышанное воспринимать, а кто-то ловит каждое мое слово, распахнув широко глаза, есть и те, кто не доверяет мне, но их мало.

Долго рассказываю о происхождении чисел, о великих математиках, о правильности философских установок, о том, как их можно применять в жизни. О том, что в основе любого развития всегда лежат противоречия.

- Приведу очень простой пример: кто-то когда-то решил, что земля стоит на трех китах, трех верблюдах и т. д. На основе этих знаний строилась наука древних, выводились определенные законы. Но нашлось несколько человек, которые не поверили в это, возникло противоречие. Обогнув земной шар, они доказали, что земля круглая. Это спровоцировало новый виток развития науки. Наука стала базироваться на новых знаниях. Поэтому в поисках истины вы не должны бояться делать неверные умозаключения и выводы. Потому что, найдя в них противоречия, вы сможете сделать следующий шаг. Так и в жизни, пока нет противоречий, у человека нет потребности, развиваться.

Потом рассказываю о том, что математика - это наука, которая наводит порядок в голове, учит хаос приводить в порядок, и находить в нем смысл и закономерности.

- А еще математические навыки вы можете, применять в жизни, просчитывая ситуацию на несколько шагов вперед. Это можно делать, если знать, что процессы в живой и не живой природе протекают по одним и тем же законам. Поэтому можно проводить ассоциации, которые помогут вам понять, как дальше будет развиваться та или иная ситуация. Люди ошибочно считают себя бесконечно индивидуальными, и это не верно. Если бы это было так, то нас нельзя было бы классифицировать по определенным признакам. Например, мужчины, женщины, дети. В психологии нас условно разделяют на четыре психотипа.

Я рассказываю, как понять, кто перед вами, как отличить один психотип от другого, и как эти знания использовать в своей работе. Ведь умение работать с человеческим материалом, это залог успеха учителя, менеджера, экономиста.

Чем больше говорю, тем больше вижу удивление, заинтересованность в глазах студентов, у многих идет непрерывная переоценка. Все больше людей открываются для восприятия информации и умственной переработки этой информации. И вот оно, первый результат: толпа превращается в управляемый мною общий организм. Теперь можно вести моих студентов в мир знаний. И снова те же давно отработанные приемы: от простого к сложному, взаимодействие, общая деятельность и результат. И все это работает как бы само собой, без моего активного участия. Но это на первый взгляд, у меня уже отработанные до автоматизма, различные скрытые механизмы выработки мотивации к моему предмету. И для меня очень важно, чтобы студенты в процессе нашей совместной деятельности, не только приобретали определенные навыки, но и могли применять их на практике. А для этого существуют семинарские занятия, помогающие совершенствовать полученные знания и оттачивать мастерство. При этом, не устаю пояснять какие навыки мы приобретаем и отрабатываем в процессе изучения той или иной темы.

Со стороны выглядит это так: я объясняю материал, рассматриваю примеры, и даю подобные для закрепления. И студенты решают достаточно быстро, для тех, кто отстал, мы разбираем решение на доске, причем у доски снова студент или студентка. И студентов в аудитории складывается впечатление, что все так понятно и просто. Постепенно они втягиваются в решение достаточно сложных заданий, причем снова этот процесс происходит как бы сам собой, без моего особого участия. Я как обычно контролирую, регулирую, втягиваю в обсуждение, споры, внимательно выслушиваю, и направляю, задавая наводящие вопросы, или акцентируя внимание на тех моментах, которые в конечном итоге приводят к верному решению. Подробно объясняю, по каким ключевым моментам можно определить правильность выбранного пути решения, как можно изначально спрогнозировать ответ. То есть учу мыслить, рассуждать и делать выводы.

Например, изучаем тему «Матрицы и определители». Масса вычислений, требующих полной концентрации внимания. Иначе будут ошибки, которые в данном случае сложно обнаружить. Поэтому лучше изначально сосредоточится и сделать все правильно. Объясняю:
- Сейчас идет хорошая тренировка мозгов, спортсмены развивают тело, а мы мозги. Чтобы приобрести спортивный навык, надо неоднократно повторить одно и тоже действие, в математике также, чтобы приобрести навыки, необходимо про решать много однотипных примеров. Причем, мы не просто, что-то считаем, а развиваем с вами математическую логику и интуицию, потому что в процессе нашей деятельности, необходимо просчитывать свои действия на шаг вперед и предугадывать результат.

Затем объясняю, что умение концентрировать внимание имеет огромное значение в профессиональной карьере. Так как мысль это неосязаемая материя, ее нельзя потрогать, но ей можно управлять. Привожу пример из физики, что в обычном состоянии наша мысль это рассеянный луч, мы моментально можем переключать свое внимание с одного предмета на другой. Но когда происходит концентрация внимания, материя сгущается, превращаясь в целенаправленный луч.

И не важно, что на сегодняшний день этот факт не доказан, важно, что есть в этом глубокий смысл.

Рассказывая о своей работе в филиале, не могу не вспомнить добрым словом моих студентов, работающих в МЧС. Глядя на них, я понимала, что есть еще в России настоящие мужчины. Они отличались особой дисциплинированностью, собранностью, целеустремленностью.

Помню случай, когда ко мне подошел мой студент, работающий в МЧС, Головин Анатолий, и тихо спросил:
- В каком классе изучаются обыкновенные и десятичные дроби?

Часть студентов услышала, кое-кто захихикал. Но для меня ценно, что человек не боится быть смешным. Я делаю замечание тем, кто неадекватно реагирует на его вопрос, подробно объясняю, в каких учебниках найти эти темы. Проходит несколько занятий, и на одном из семинарских занятий Анатолий Головин уверенным шагом идет к доске, с лёгкостью решает достаточно сложное задание, сопровождая решение подробным объяснением. В такие моменты понимаешь, что не зря живешь на свете, что занимаешься своим делом, что живешь полноценно, а не прожигаешь жизнь. Когда он решил, и повернулся лицом к аудитории, вся группа ему аплодировала. Больше у него не было и, надеюсь, никогда не будет, страха перед новым и неизведанным…

Глава 5

В юридическом колледже работать было намного сложнее, чем в вузе. Контингент макаринский, я бы сказала, дети улицы и неблагополучных родителей, и между ними случайно затесавшиеся, дети из благополучных семей. Они нелепо смотрелись на фоне основной массы. Отсутствие полной мотивации к учению, осложнялось переходным возрастом и гормональной перестройкой организма. Я уже давно заметила такую особенность: чем ниже уровень интеллекта, тем ярче выражена сексуальная направленность. И это понятно, эти люди живут не разумом, а в основном инстинктами. Так же у студентов колледжа были поверхностные представления о культуре поведения. «Чем, более вызывающе ты себя ведешь, более развязно, тем круче ты выглядишь!» - это основная установка. Жаль, было тех детей, которые случайно попали в эту среду, потому что у многих из них уже не было шанса выбраться из этого болота.

Именно тогда я снова вернулась к анализу опыта Антона Семеновича Макаренко. Меня всегда интересовало, как у него получалось из беспризорников делать успешных людей. Какие такие секреты знал он, которые не знаем мы. И прошло несколько лет, прежде чем я нашла ответ на этот вопрос. Такое перевоплощение возможно было, потому что вся идеология государства была направлена на совершенствование человека как личности. Макаренко стоял у истоков многолетнего процесса по формированию и социализации трудных подростков. Представьте теперь этот процесс в наше время, посмотрите, куда попадают трудные подростки, выходя в большую жизнь, и поймете, что основным фактором формирования личности трудных подростков является государство с сильной идеологической составляющей.

Итак, что я имела? Дети, в основном трудные подростки, с которыми предстояло работать. В процессе работы необходимо было прививать не только мотивацию к предмету, но и элементарные навыки поведения. Необходимо было выстраивать наше взаимодействие таким образом, чтобы каждое мое действие было направлено на развитие мыслительной деятельности, на совершенствование личности студентов. Я понимала, что начинать надо с азов. Ведь строительство дома всегда начинается с фундамента, а не с первого или второго этажа. Строить учение с первого этажа, это строить воздушные замки, которые прогнозируемо рухнут. Работы было много, мы учились считать, писать, учили таблицу умножения, много говорили, спорили. Я не давала детям расслабиться, подкидывая им все новые и новые задачи, которые необходимо было решать. Приходилось учить мыслить, рассуждать, делать выводы. И, ценой неимоверных усилий, все-таки удалось большинство детей направить на саморазвитие и самосовершенствование.

В колледже без казусов не проходило не одно занятие. Веду занятия в группе дизайнеров. Группа на редкость дружная, такие работы на компьютере выдают, залюбуешься. Но в этой группе есть уличная девочка, на занятиях появляется по большим праздникам, сильно отстаёт в знаниях и умениях. Захожу в класс, она сидит, причем не одна с другом. Друг, интереснейший уличный экземпляр, на лице негде пробу ставить, одни фингалы и полная деградация. Понятно, что этот юноша с социально заниженной планкой, причем очень заниженной. Вижу, что он не намерен без боя покинуть кабинет, заранее настроен агрессивно. Вспоминаю пословицу: «хорошая защита – это нападение». Понимаю, что надо возмутиться, выгнать из класса, но нарываться на грубость мне категорически не хочется. Быстро оценив обстановку, произношу:

- Вы, молодой человек, с кем? С Наташей? Очень хорошо, Вас то я и ждала.

На лицах молодого человека и Наташи удивление.

- Вы знаете, на вас одна надежда, посмотрите, какие шедевры создают ребята и сравните с тем, что делает Наташа.

Молодой человек приосанился, почувствовал значимость, на «Вы» с ним никто никогда не разговаривал, а тут такое. Начал сравнивать работы своей подруги, громко комментируя, причем не в ее пользу. Весь урок он сидел рядом с Наташей, и ворчал, что она совсем безмозглая. Закончилось все тем, что я ему по-дружески высказала все претензии в адрес Наташи. Больше я его никогда не видела. Зато Наташа на следующий день начала высказывать свои обиды. Вот тут-то я ее отчитала, высказала все, что думаю о ней и о той ситуации, которую она спровоцировала.

Отработав в колледже, пять безрадостных лет, я ушла. К тому времени в стране начался новый кризис, зарплаты уменьшились в разы. Чтобы работать на любимой работе, мне пришлось подрабатывать на двух работах: воспитателем в детском доме и преподавателем в Миасском строительном техникуме. Как мне удавалось все совмещать? Не знаю. Но удавалось. Это был бесценный опыт.

Параллельно с работой, которая меня поглотила полностью, вела репетиторство, занималась научной работой. Работа меня поглотила полностью, не оставляя шанса на нормальную человеческую жизнь. Приходилось досыпать в троллейбусах, маршрутках. Везде, где придется. Ни праздников, ни выходных, только работа. Мимо меня проходили осень, зима, весна. Когда мои знакомые и друзья, разбросанные по всему миру, спрашивали:

- Как зима на Урале?

Я обычно не могла вспомнить, поэтому отвечала:
-Зима была точно, а какая я не помню. Помню, что снег был.

Глава 6

Детский дом. Вот уж где не чаяла работать никогда, да еще воспитателем, да еще у девочек! Так получилось, что я росла среди мальчишек, родила двух сыновей, и контакт находила с мальчишками намного быстрее, чем с девчонками. А здесь десять девочек, с разными характерами, со сложными судьбами, неустойчивой психикой. Как же я была далека от этого: юбочки, бантики, косички.

Всю жизнь мое мнение о детском доме было очень предвзятым: детский дом – это тюрьма строгого режима, дети – монстры. Честно, скажу, очень волновалась, когда впервые собиралась на работу. Но за спиной хорошая боевая и физическая подготовка. Так что, собрав волю в кулак, я отправилась покорять неизведанные вершины. И думаю, мне удалось. С первых минут, пришло осознание, что мне придется работать не воспитателем, а многодетной мамой, что дети чутко реагируют на мое отношение к ним, с ними как на экзамене, фальшивить нельзя. А еще та дистанция, которую мне удавалось держать с учениками, здесь свелась к нулю. Нельзя было держать дистанцию и работать в детском доме. Девчонки приняли меня хорошо. Через непродолжительное время, было не понятно, кто с кем работает. Столько внимания, тепла и заботы я не получала никогда и нигде. Вот парадокс: внимание и заботу я получила там, где ожидала этого меньше всего.

Многое мы пережили с девчонками вместе: болезни, неудачи, маленькие и большие победы, переходный возраст. Девчонки пели, танцевали, участвовали в разных конкурсах. Но вот чего они не хотели категорически – это учится. Каждый вечер, когда мы садились за уроки напоминал мне психиатрическую больницу: слезы, истерики. Я не обращала на это внимания, пытаясь донести до каждой хоть какие-то начальные знания. И вот что удивительно, работая педагогом, очень требовательно относилась к ученикам, студентам, а работая воспитателем-мамой, очень жалела своих девчонок, видя, как они мучаются, делая уроки. И все-таки позитивных моментов было много. Никогда не забуду наши вечерние посиделки, когда сделав уроки, наведя порядок в семье, помывшись, мы садились на диван. И в те минуты, я жалела, что у меня нет широкой необъятной груди, которая могла бы разместить на себе головы всех желающих. Они облепляли меня как цыплята, кто-то заплетал косы, кто-то просто сидел, прижавшись, кто-то гладил меня, прижимался ко мне. Каким-то чудесным образом мы все умещались на диване, и говорили. Говорили о родителях, о будущем, о прошлом, о мальчиках, о том, что волнует каждую. В детском доме не принято плохо говорить о родителях, и это правильно. Это очень мудро. Я тоже придерживалась этой традиции, применяя в разговорах о родителях такие фразы, как «у мамы была сложная жизнь», «мама просто слабая женщина, и не справилась с трудностями».

В этих детях всего было поровну и хорошего и плохого. Генетика давала о себе знать.

Вот, например Катюшка, хорошенькая, с милым личиком, стройная. Она снимет с себя последнее и отдаст, защитит слабого, вечно за кого-то дежурит. Очень любит рисовать, мастерить. Постоянно переживает за всю свою семью, а семья большая: мама, бабушка, сестра с тремя детьми, брат. Тем не менее, она оказалась в детдоме: мама пьет, неделями не живет дома. И вот, как бес вселяется в эту девочку, она становится неуправляема, несет что попало, дерется, кидает все, что попадет под руку.   Наблюдая эту, периодически возникающую в ней, агрессию, понимала, что это от мамы. И исправить это уже не возможно, потому что не придумали еще такие аппараты, которые могли бы перепрограммировать мозг, или исправить генетические отклонения. Поэтому надо Катю принимать такой, какая она есть, пытаться помочь ей научиться справляться с агрессией.

Настя. Удивительно сложный характер. За спиной семейная трагедия, мама сгорела по пьянке. В моей семье их было двое, две родные сестры Настя и старшая сестра Лиля. Лиля, через год ушла из детского дома, поступила в педагогическое училище. Настя осталась одна. Настя, русская красавица, тоненькая не по возрасту (в школу пошла на два года позже), с длинной русой косой. Проблема ее была в том, что она всегда старалась угодить всем взрослым, угадывая их желания, подстроится под них. Этим самым она теряла свою индивидуальность. А характер у нее был, причем жесткий, она скрытый лидер в группе, сама себе на уме, держится от общей группы на определенном расстоянии. Наблюдая за ней, я понимала, что эта девочка нигде не пропадет, что в свои четырнадцать лет она прошла хорошую школу выживания. Настя быстро приспосабливалась к любой жизненной ситуации, стараясь выжать из нее максимальную для себя выгоду. Но в ней было очень много хороших качеств. Одно из главных – это трудолюбие. Если в семье дежурила Настя, можно было, не беспокоится за результат. Хоть все в жизни, Насте давалось с трудом, это не мешало ей хорошо петь, танцевать, рассказывать стихи. Не одно мероприятие не проходило без ее активного участия. При этом Настю меньше всего тянуло к нехорошим вещам, таким как спиртные напитки и курение.

Оксана, самая высокая среди девочек. В детстве она была очень полной, и все ее дразнили, с годами Оксана вытянулась и похудела, превратившись в яркую блондинку, с волнистыми волосами, хорошей кожей и красивыми серыми глазами. Очень артистичная, обаятельная, иногда ласковая, иногда, очень колючая, в зависимости от настроения, она была редкостной неряхой. Как воспитатели не боролись с этим недостатком, все было бесполезно. Оксана продолжала разбрасывать свои вещи, как попало, и где попало. Открывая дверцу ее шкафа, можно было увидеть горы не нужных вещей, с которыми расставаться она категорически не хотела. Ее мама жила в соседнем городе, когда-то была лишена родительских прав, потом снова вышла замуж, родила ребенка, но не спешила дочь забирать из детдома. Оксана все время ждала маму в гости, готовила ей подарки, поделки, сделанные собственными руками, но мама не приезжала. Как я переживала за Оксану, видя, как та плачет, услышав очередной раз по телефону от мамы, что она не сможет сегодня приехать.

Я вообще долгое время не могла привыкнуть к тому, что родители приезжали к детям в гости, а чаще всего детей отпускали в гости к родственникам или знакомым. Это так и назвалось – гостевой режим. В голове не укладывалось: «Как так при живых родителях, при наличии многочисленных родственников, дети попадали в детский дом». Сердце кровью обливалось, глядя на это. «Во время войны дети сироты попадали в детдом по понятным причинам, а в деревнях их просто разбирали по семьям. Что случилось с нами, с нашим обществом, если дети при живых родителях и многочисленных родственниках, остаются без родительской заботы и тепла?»

Каждое дежурство в детском доме – это маленькая жизнь, с яркими событиями и переживаниями. До сих пор с улыбкой вспоминаю нашу поездку в Саратов. Практически у всех детей в детском доме задержка умственного и психического развития. И мне было интересно поэкспериментировать именно с такой категорией детей, вовлекая их в научные исследования. После долгих раздумий и наблюдений, я остановилась на Насте и Оксане. Оксана училась в 7 классе, Настя в 6 классе. Выбрали тему «Древние системы счисления». Так как я совмещала сразу три работы, то времени и сил у меня было мало. И все же, в перерывах между работами, сделали реферат, отправили в Саратов на Международную конференцию: «От школьного проекта к профессиональной карьере», прошли заочный тур. Стали готовится к очному этапу. При подготовке к конференции возникали не предвиденные трудности: некоторые фразы девочки выговаривали с трудом, постоянно спотыкаясь о непонятные им выражения. Если бы не их ответственное отношение, мы бы не съездили так удачно, у нас не было бы столько ярких, не забываемых впечатлений.

С текстом, который я им раздала, они не расставались ни днем, ни ночью. Им надо было не только выучить текст, но и понять, о чем они будут рассказывать. Вечерами, в мое дежурство, мы обсуждали, что и как лучше сказать, что убрать, что добавить, постоянно репетировали выступление, я объясняла смысл непонятных слов. В процессе работы, у Насти ярко выявился дефект речи, и она самостоятельно занималась с логопедом. Честно сказать, изначально никто не верил в наш успех. Но, после долгих раздумий, директор детского дома «благословила» нас в поездку, и мы стали собираться, продумывая все до мелочей. Рая, наша рукодельница и умница, сшила символ города ЛОСЯ. Симпатичный ЛОСЬ получился, с большими добрыми глазами, в костюмчике, при галстуке, не ЛОСЬ, а мечта. Решено было отвезти его в подарок организаторам конференции. Буквально перед самым отъездом мы решили подготовить еще и песню.

Собирал нас весь детский дом. Девочкам купили красивые сарафаны и блузки, подобрали туфли, колготки. Повара заботливо собрали нам в дорогу провиант, у нас с собой было столько еды, что за раз можно было накормить человек десять. И мы поехали, в поезд сели ночью, так что, застелив постели, сразу улеглись спать. Я так вымоталась, что моим самым большим желанием было просто выспаться. Но девчонки по привычке проснулись рано, говорили и двигались тихо, стараясь меня не разбудить. И вот открываю глаза и вижу картину: мои девочки, усевшись на одну полку, учат текст выступления.

«Это же надо, какие молодцы!» - удивилась я. Мы ехали до Саратова сутки, и в течение всего этого времени девчонки не расставались с текстом. А в перерывах они ели. У наших девчонок любимыми блюдами были пельмени, лапша «Ролтон» и курица, запеченная в духовке. И вот когда они вдоволь наелись, я начала подтрунивать над Оксаной:

- Оксана съешь еще кусочек.

Оксана, морщась, отвечала:

- Не могу, скоро лопну.

Уже вначале пути мы настроились на позитивную волну, было весело, комфортно. Девчонки мои очень общительные, перезнакомились почти со всем вагоном, вызывая неподдельный интерес со стороны пассажиров. Они явно были непохожи на классических детдомовских детей. Ухоженные, старающиеся вести себя прилично, смешливые, общительные. Глядя на них, можно было подумать, что они из благополучной семьи с хорошим воспитанием, а я их заботливая мамаша. Я наблюдала за всем этим, не вмешиваясь, наслаждаясь отдыхом.

Приехали одиннадцать часов вечера, на такси добрались до места. Нас устроили в общежитие для студентов Международного колледжа «Лиен». Утром встали, умылись, привели себя в порядок, повторили текст и отправились завтракать в столовую, которая находилась внизу, на первом этаже. Очень уютная столовая, цены низкие, еда вкусная. Хорошо позавтракав, отправились в колледж. Нас радушно встретили организаторы конференции. Дети детского дома в таком грандиозном мероприятии участвовали впервые. Это был, своего рода, эксперимент.

Первый день, начало конференции. Мы в аудитории, слушаем выступления вундеркиндов, и внутри все холодеет. Закрадываются сомнения: «А сможем ли мы выступить достойно? Не сдадут ли нервы у девочек?». Сижу их подбадриваю, хотя самой не хорошо. И вот объявляют нас. Эти минуты для меня показались вечностью. Самая страшная пытка: переживать за своих детей. Но девчонки выступили очень достойно, разницу между вундеркиндами и ими могла заметить только я. Когда сели на место, я поняла, что сильно переволновалась, и вышла в коридор, там сидела директор нашего детского дома. Она слушала выступление девочек, и тоже была поражена тем, что они так хорошо выступили. Я плохо понимала, что происходит, поэтому не удивилась ее внезапному появлению.

Вечером мы с девчонками отправились на Волгу. В Саратове Волга особенно красива, даже скованная льдом. Мы долго гуляли по набережной, любуясь панорамой. Наобратом пути наткнулись на памятник Ю. Гагарину. Долго его рассматривали, я рассказывала, все, что знала о космонавте, девчонки задавали вопросы и комментировали сказанное. Вернулись уставшие, но в хорошем настроении, Оксана на прогулке выдала перл. Когда мы шли к общежитию, нам на встречу попала женщина, ведущая на поводке черную собаку. Построив рожицы собаке, Оксана выдала:

- Какая хорошая собачка, с тетенькой на поводке.

В этот вечер мы долго смеялись, представляя милую собачку с тетенькой на поводке.

На второй день выступала с докладом я, делилась с коллегами своим опытом работы с детьми в детском доме. Но перед этим девчонки вручили организаторам конференции ЛОСЯ. За время путешествия мы с ним сроднились, и поцеловав его в нос, как лучшего друга, вручили директору лицея. А потом быстро переместились в актовый зал, чтобы перед закрытием конференции успеть отрепетировать на сцене песню, которую мы привезли.

И вот подведение итогов, прощальные речи, концерт. Девчонки вышли на сцену и запели. Уже к этому времени было ощущение, что нас знает весь Саратов. Нас останавливали даже на улице, беседовали с нами. И вот финальная песня, спели от души, порадовав меня очередной раз. Началось награждение, нас ждал сюрприз. Когда мы ехали на конференцию, нашей задачей было просто удачно выступить и показать себя с положительной стороны. Но нам присудили третье место. Как мы радовались, обнимались, смеялись, ликовали. Столько было эмоций. Приняв поздравления, мы зашли в кафе.

-Девчонки, гуляем. Ни в чем себе не отказывайте. Гулять так, гулять, - заявила я.

Хорошо посидев в кафе, мы отправились в общежитие, готовится в обратную дорогу. Это была незабываемая поездка, которая останется в моем сердце на всю жизнь, как светлое воспоминание.

Глава 7

Дети в детском доме научили меня многому, много смешных моментов связано у меня с ними. Впервые, именно с ними, я побывала в 3d кинотеатре на показе мультфильма о каком-то добром вампире. Перед фильмом в фойе кинотеатра состоялось представление с конкурсами. Так же детям раздавали бесплатно томатный сок – кровь вампира. Сначала, дети меня напоили «кровью» вампира, затем, когда мы зашли в кинозал, кто-то на меня нацепил очки, заботливо предупредив:

- Если на Вас вампиры полетят с экрана, вы не пугайтесь.

И сунули мне пакетик с покорном. Я обещала не бояться, но вначале подыгрывала детям, вздрагивая и охая при каждом нападении на меня с экрана то вампиров, то летучих мышей.

А в январе месяце мне поручили водить разношерстную команду на горнолыжку. Ходило десять человек: пять мальчиков и пять девочек. После первого посещения горнолыжки, казалось, что меня в городе не знает только глухой или слепой.

Еще в детдоме мы договорились с ребятами, что идем получать позитивные эмоции, отдыхать, всю агрессию, присущую детдомовцам оставляем дома. Так и получилось, я сразу построила общение так, что мальчишки взяли заботу о нас слабых девчонках на себя. Помогали закрепить крепления на лыжах, надеть ботинки.

Как им нравилось заботиться о нас, они чувствовали себя настоящими мужиками. Потом всей командой выходили на гору. И начиналось представление. Я стояла внизу, со всех сторон раздавалось:

- Светлана Николаевна, посмотрите, как я могу.

Сколько было разочарований, если я не успевала на кого-то посмотреть, кому-то помочь. Я все время была в движении, делая несколько дел одновременно. То застегивала или расстёгивала крепления, то поправляла одежду, то тащила кого-нибудь до подъемника на себе, по ходу, помогая подняться, упавшим. Все время на мне кто-то висел. Это происходило под веселые шутки, остроумные комментарии. Люди вокруг улыбались, глядя как мы копошимся в снегу. Однажды подошел мужчина и спросил:

-Это все Ваши дети?

- Все мои, – ответила я, наблюдая сразу за тремя спускающимися с горы, чтобы потом долго восхищаться их сноровкой и умением.

Когда наше время выходило, мы сдавали лыжи, переодевались и усаживались пить горячий кофе. Каждый раз со стороны я наблюдала такую картину: сидят мои дети, раскрасневшиеся, уставшие, прижавшись, друг к другу, смотрят телевизор и пьют кофе. Такие смирные, такие хорошие, не передать. Просто умиление берет, глядя на них. И никто из окружающих не догадывается, что наши дети могут вытворять в порывах агрессии, или в периоды обострения психических заболеваний.

К концу второго года работы в детском доме, в летний период, меня поставили работать на четвертую семью. Коротко охарактеризую, тех, кто жил в этой семье: мальчишки переходного возраста с расшатанной психикой. Они мало кого признавали, вели себя вольно, всем видом демонстрируя свое презрение к окружающим.

Перед дежурством, я очень волновалась, все время думая: «Найду ли я с ним общий язык?». И тут же успокаивала себя: «Но Макаренко же нашел!».

Макаренко Антон Семенович был и остается единственным педагогом, которому я поклоняюсь, чьи принципы беру за основу в своей работе. Его стиль очень мне близок и понятен: меньше болтовни и демагогии, больше дела. Он боролся за каждого ребенка, не зависимо от его социальной и педагогической запущенности. Из беспризорников ему удавалось слепить сплоченный коллектив, создавая внутри коллектива систему, которая работала на созидание, а не на разрушение личности. И здесь хороши были любые приемы, в пределах нравственных норм.

Утро в четвертой семье началось с побудки на завтрак, это оказалось не так просто. Несколько часов мальчишки полностью меня игнорировали, украдкой присматриваясь ко мне. Я сохраняла невозмутимое спокойствие. Почти сразу вычислила лидера в группе, это был Петров. «Да, очень редкая русская фамилия» - подумала про себя я. Невысокий, спортивный, агрессивный. При малейшем раздражении вступал в конфликт, начиная морально и физически давить соперника. Очень закрытый. Он долго наблюдал за мной, стараясь понять, что там есть в моей голове, о чем я думаю. Снова включила педагогическую паузу, и выдала то, что от меня никто не ожидал:

- Мужики, кто идет меня обыгрывать в теннис?

Петров удивлен.

- Что нет смельчаков? А я-то думала вы не просто так в зал ходите?

Петров оживился.

- А Вы что в теннис играете? – в голосе презрение.

- Играю немного.

- Ладно, пойдемте, – сказал Петров, всем видом показывая, что делает мне большое одолжение.

Посмотреть, как меня будут обыгрывать в теннис, собрались практически все, кто на тот момент был в детдоме.

Конечно, я ему проиграла, не потому что поддалась, а потому что он играл достаточно хорошо. Но как проиграла, и вздыхала и кричала, и заламывала руки. Мальчишки смеялись, Петров улыбался, и периодически начинал поддаваться. Но я каждый раз, видя, что он целенаправленно сдает позиции, говорила:

- Играй честно, не поддавайся. Я хочу тоже научится играть на твоем уровне. Не переживай, я на волейболе отыграюсь.

На что Петров презрительно, но уже с теплом в голосе отвечал:

-Вы? Вы что умеете играть в волейбол? Да мы вас в первой партии порвем.

Откуда ему было знать, что играю в волейбол я профессионально больше тридцати лет.

Парни мои расслабились, постепенно тоже втянулись в игру, я пошла отдыхать.

- Все, парни, пора на обед, - сказала я, взглянув на часы. Ни у кого даже мысли не возникло сказать мне что-то против, или не подчинится. Мальчишки спокойно отправились в столовую. А вот после обеда мы вышли на волейбол, здесь мне равных не было. Хотя, была девочка. Мы так шумели, что к площадке подтянулась вся бухгалтерия, во главе с администрацией. У директора детского дома, Светланы Борисовны, в это время в кабинете была ее дочь, Оля, ученица одиннадцатого класса. Она тоже занималась волейболом. Но самое интересное, что и тренер у нас был один – мой отец. Именно он, в четвертом классе, привел меня в спортзал, дал мяч и научил играть, а еще научил любить спорт. Так что у Оли техника была та же самая. Баталии разыгрались не шуточные, боролись за каждый мяч. Обычно сдержанная, я давала волю эмоциям в игре. Дети с удивлением смотрели на меня, узнавая абсолютно с другой стороны. Многие смеялись, когда я хватаясь за голову, кричала:

- Лебедь, тебе руки для чего приделали? Ты почему стоишь, не двигаешься?

Лебедь или Лебедев Руслан, цыганенок из третьей семьи, сначала с удивлением смотрел на меня, качая головой, а потом втянулся в игру.

После игры он подошел ко мне и сказал:
- Я не знал, что вы такая.

И снисходительно покачал головой, выражая всем видом: «Женщины, они и в Африке женщины».

Вечером, наведя в семье порядок, приняв душ, мы сели пить чай, мальчишки долго мне рассказывали о себе, о своем будущем, как они представляли его. Лобачев подробно рассказывал устройство какой-то фигни. Я внимательно слушала его, широко раскрыв глаза, выражая свое полное восхищение. И только, заметив, что мои мальчишки засыпают, отправила всех в спальню.

С этого дня в семье установился заведенный мною порядок. Петров идеально руководил семьей. А надо мной взял шефство. Он знал, что через месяц я уезжаю работать в Монголию. Поэтому каждое утро начиналось со спортзала. Он все время ворчал:

- Вот собираетесь в Монголию, и что там хотите всем проиграть? Хотите опозорить наш детский дом? Пойдемте тренироваться, чтобы мне за Вас не было стыдно.

И я, поломавшись для виду, покорно шла в спортивный зал.

Я уже почти год живу в Монголии, новые впечатления, новая работа, другие дети. Но часто, остановившись на мгновение, в своем движении, под названием жизнь, я вспоминаю своих девчонок и мальчишек. И мысленно спрашиваю их:

-Как вы там поживаете? Что у вас нового?

Частичка моего сердца навсегда останется в детском доме в далеком уральском городке.

Глава 8

Параллельно с детским домом я работала в Миасском строительном техникуме. Как и в предыдущих случаях, неоценимым для меня стал опыт Антона Семеновича Макаренко.

Что представали собой мои студенты? Дети собраны были со всего города, от большинства из них школы просто избавились, многие из неблагополучных семей. Плохо одеты, полуголодные, многие проводили время в уличных бандах. Это были дети детей девяностых годов. Вот к чему привел развал государства и образования. Последствия самые плачевные, которые еще до конца не поняты и проанализированы. Дети, как правило, хорошо отражают проблемы в обществе и семье. Я теперь понимаю, как можно развалить страну, не применяя военного воздействия: развалить образование и идеологию, и все, страна погибнет сама.

Все образование держится сегодня на энтузиазме педагогов старой закалки, которым не все-равно, кем в конечном итоге станут их подопечные. Я видела, как мастера взаимодействовали со студентами. Этим людям с мизерной зарплатой, еще при жизни, можно ставить памятники. Они боролись за каждого студента в техникуме, боролись за их будущее всеми возможными и не возможными способами, при полном отсутствии помощи от государства. Придя в техникум, я в полной мере оценила масштабы катастрофы в нашей стране. Часто в голове у меня крутился перефразированный известный советский лозунг: «Дебилизация всей страны свершилась».

Большинство студентов приходили в техникум, только для того, чтобы бесплатно поесть, встретится с друзьями, но не для того, чтобы учится. Наблюдая за студентами, я видела, что большинство из ребят уже с детства познали физический труд, это было видно по обветренным, с застаревшими мозолями, рукам. Эти дети не боялись физического труда, а наоборот тянулись к нему. Помыть полы в классе, заштукатурить стену, отремонтировать парту доставляло им большее удовольствие, чем занятие умственным трудом.

Это была та часть нашего общества, которая могла бы создать хорошую рабочую прослойку и составить конкуренцию торгашам и менеджерам.

Поэтому изначально, в своей работе мне опереться было не на что, у студентов не было элементарных математических навыков. Они не умели правильно считать даже на калькуляторе, таблица умножения была знакома не многим.

Передо мной стояла задача либо до конца отбить интерес к учению, либо действовать не стандартно и привить хоть малейшие элементарные навыки, научить пользоваться линейкой и карандашом. А самое главное - научить думать. Начинать пришлось с нуля, бесконечно объясняя: как входить в кабинет, как вести себя на уроках и на переменах, отучать лежать на партах.

В своей работе я опиралась на многократное повторение, потому что, выходя из аудитории, студенты напрочь забывали то, о чем мы говорили на уроке. Чтобы, хоть как-то двигаться в развитии, пришлось отложить все учебники и взять сборник заданий за 5 класс. И мы начали с того, что стали учится считать.

В течении одной пары приходится постоянно переключать внимание студентов, так как от умственной работы они быстро утомлялись и начинали игнорировать работу, мешая остальным. Время отдыха проводили с пользой, я постоянно включала в работу воспитательный момент, рассказывая истории из жизни, которые заставляли задуматься.

Часто рассказывала о подвигах наших солдат в Великой Отечественной войне, рассказывала о том, как на самом деле удивителен мир, как все вокруг нас взаимосвязано. Тему выбирала экспромтом, в зависимости от общего состояния аудитории. И это давало свои плоды. Дети начинали понимать, что они делают, для чего делают, некоторые серьезно увлеклись математикой. Я иногда сама себе удивлялась, объясняя глубинный смысл законов математики доступным языком. Например, даже в школе не все ученики понимают, что такое степень. Мне удалось найти объяснение, которое поняли даже самые «отсталые». Я умножила число два десять раз, а потом прибавила число три, умноженное само на себя семь раз. Спрашиваю:

- Как вам такая запись числового выражения?

Отвечают:

-Писать долго.

Тогда я говорю:

- Так вот, чтобы не писать огромное выражение, придумали компактную запись, в которой одно число, многократно умножающееся само на себя, пишется как обычно, а второе, которое показывает, сколько раз данное число умножается на себя, пишется вверху. Таким образом, степень придумали для компактности записи, где показатель степени показывает «сколько раз число умножается само на себя».

Или вот еще одна вечная проблема – обыкновенные дроби. Путаница возникает уже в том, какие дроби называются правильными, а какие не правильными. Беру классический пример с пирогом. Рисую пирог на доске, и делю его на пять частей, беру три части. Проговариваю:

- Три части из пяти, или три пятых. Понятно?

Вижу, что понятно, идем дальше:

- Есть что-то не возможное в том, что я беру либо три части из пяти, либо четыре части из пяти? Нет, здесь все возможно. Значит, знаменатель дроби находится внизу и показывает, на сколько частей разделили одно целое, числитель находится вверху и означает, сколько частей взяли. Черта это знак деления. А теперь представьте, что пирог разделили на пять частей, а взяли восемь. Возможно ли такое? Конечно, нет. Так вот, первая дробь относится к правильным, а вторая к неправильным.

Обычно такое объяснение запоминается надолго. И не вызывает вопросов.

Чем больше я общалась с ребятами, тем больше понимала, что этим детям не чуждо стремление к прекрасному. Они бы и хотели быть хорошими, успешными, но просто не знали, как. Никто изначально не показал им, как надо работать над собой, чтобы меняться в лучшую сторону. Они жили, так как научились сами. Как я уже говорила, это дети из неблагополучных, чаще всего, не полных семей или детдомовцы. Детдомовцы сразу почувствовали во мне своего человека. А когда узнали, что я работаю в детском доме, стали относится с еще большим уважением.

Но и здесь периодически возникали различные провокации. В нашей работе, как в армии, нужно иметь железное самообладание и стальные нервы. Веду занятие на втором курсе, в группе одни мальчишки. Заходит Артем, среднего роста, коренастый, плотный, одет аккуратно. Глядя на него, не скажешь, что мальчик из детского дома. Он долго не ходил на занятия, а тут появился. Не успев дойти до своего места, Артем начинает меня провоцировать на нервный срыв. Но меня это только мобилизует. Полностью игнорирую его попытки. Артем не успокаивается, он не привык отступать. Он преднамеренно начинает вести себя очень развязно и матерится. В классе тишина, все ждут моей реакции. И снова, как обычно выдерживаю паузу, и ровным, хорошо поставленным голосом говорю:

- Выйдите, пожалуйста, и в коридоре обдумайте свое поведение.

Но Артему нужна другая реакция: крики, оскорбления. Мое воображение рисует страшные картины: я орущая, растрёпанная, рву на себе волосы и вопрошаю к аудитории:

-Как вы могли? Вы оскорбили меня. В моей семье никто не позволяет себе материться.

Этот цирк детям пришелся бы по душе, но не мне. Делаю чуть повыше тон, и снова повторяю свое требование. Артем начинает суетиться, оглядывается вокруг, чтобы услышать слова одобрения от однокурсников. Но пока его не было, однокурсники втянулись в учебу, мы с ними наладили хороший диалог, поэтому они на моей стороне. Кто-то тихо шепчет:

- Выходи, тебе же сказали подумать. Ты нам мешаешь.

Артем встал, всем своим видом демонстрируя презрение, и вышел из аудитории. Я, так же демонстрируя полное равнодушие, вдогонку:

- Не забудьте закрыть за собой дверь.

Но это было начало представления, Артем, сам этого не понимая, очень помог мне.

Дверь он из вредности не закрыл, а встал под дверью и стал внимательно слушать мое объяснение. И украдкой за ним наблюдая, я понимала, что до него доходит смысл мною сказанного. Минут через десять Артем вошел в класс с извинениями и просьбой пустить его обратно.

Я попросила его не мешать мне вести урок. Он на время исчез, потом появился снова.

- Светлана Николаевна, завуч сказала, чтобы Вы меня пустили на урок.

- Нет, Артем, я хотела бы, чтобы ты обдумал свое поведение.

Артем исчез снова, вижу, появляется и с ним завуч Ирина Владимировна, мудрейшая женщина, умеющая сохранять спокойствие в любой ситуации.

Она вежливо просит меня выйти в коридор, я выхожу. Ирина Владимировна, с трудом скрывая улыбку, обращается ко мне с просьбой допустить Артема до занятий.

- Только из уважения к Ирине Владимировне, – делаю одолжение я, и впускаю Артема в кабинет.

Но это еще не все, когда Артем сел, я начала говорить о том, что в этой ситуации он повел себя не достойно, я же ни разу не нагрубила ему, хотя его поступок меня задел. Артем выслушал молча, а потом сказал:

- Извините, меня, пожалуйста.

На мальчишек все происходящее произвело неизгладимое впечатление, это был хороший урок вежливости.

Когда закончился урок, я спустилась в кабинет к завучу и услышала подробности всей этой истории: идет урок, к завучу в кабинет заходит Артем и говорит:

- Меня Светлана Николаевна удалила с урока.

-Почему? – спрашивает Ирина Владимировна – Светлана Николаевна просто так удалять с урока не будет.
- Я матерился – честно признался Артем.
- Тогда проси прощения.
Артем удалилась, но ненадолго, снова заходит в кабинет к завучу.
- Я просил прощения, она меня все равно не пускает.
- Значит, жди, пока простит – отвечает ему Ирина Владимировна.
И тут Артем выдает не типичную для этого учебного заведения фразу:
- Мне надо на урок, иначе я не пойму тему и не смогу решать.
Ирина Владимировна была в шоке. Такого она не слышала за все годы работы.
Я очень благодарна судьбе за бесценный опыт работы с трудными подростками, они меня научили очень многому. Эти дети яркое отражение тех социальных проблем, которые существуют в нашей стране. Глядя на них, понимаешь, что надо в обществе и образовании что-то менять, причем кардинально.

Эпилог
Моя история не заканчивается. Сейчас я работаю в Монголии в филиале российского университета. Но это уже другая история...

Содержание

Целина……………………………………………………………………… 2
   Глава 1…………………………………………………………………… 2
   Глава 2…………………………………………………………………… 3
   Глава 3…………………………………………………………………… 4
   Глава 4…………………………………………………………………… 6
   Глава 5…………………………………………………………………… 8
   Глава 6…………………………………………………………………… 12
   Глава 7…………………………………………………………………… 14

Черное море………………………………………………………………… 16
   Глава 1…………………………………………………………………… 16
   Глава 2…………………………………………………………………… 16
   Глава 3…………………………………………………………………… 17
   Глава 4…………………………………………………………………… 18
   Глава 5…………………………………………………………………… 18
   Глава 6…………………………………………………………………… 20
   Глава 7…………………………………………………………………… 21

Моя профессия - педагог 22
   Глава 1…………………………………………………………………… 22
   Глава 2…………………………………………………………………… 23
   Глава 3…………………………………………………………………… 26
   Глава 4…………………………………………………………………… 31
   Глава 5…………………………………………………………………… 33
   Глава 6…………………………………………………………………… 35
   Глава 7…………………………………………………………………… 38
   Глава 8…………………………………………………………………… 40

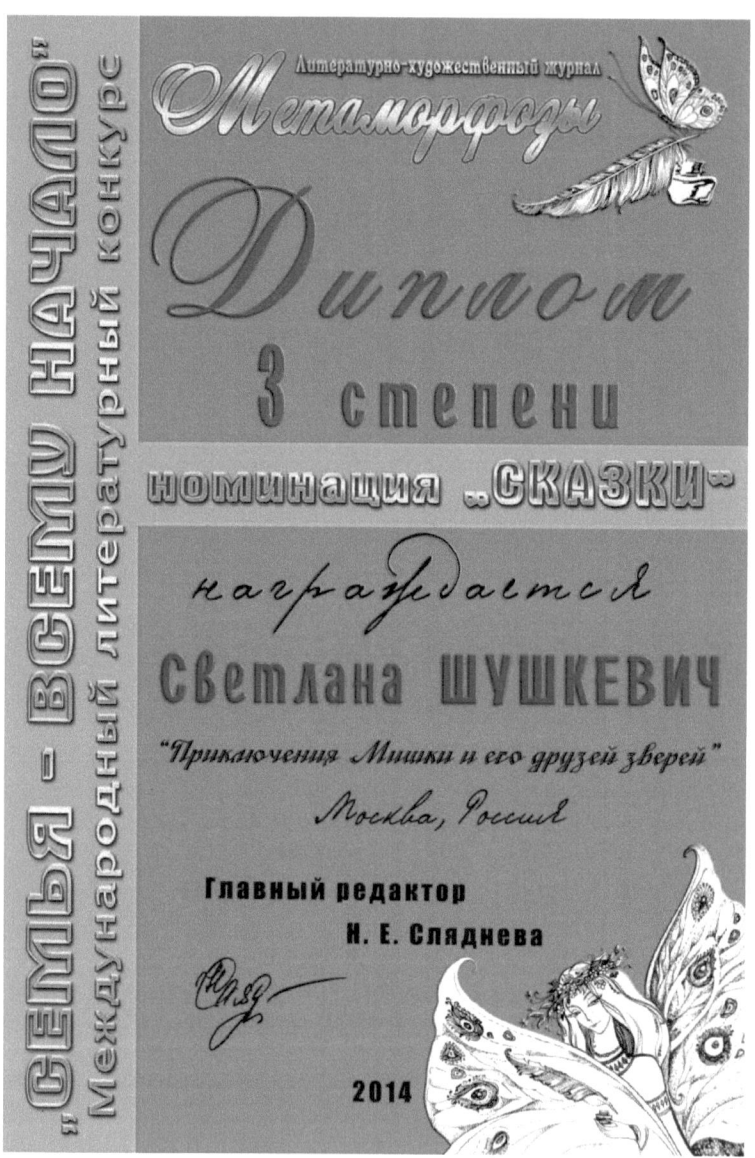

I want morebooks!

Покупайте Ваши книги быстро и без посредников он-лайн - в одном из самых быстрорастущих книжных он-лайн магазинов! Мы используем экологически безопасную технологию "Печать-на-Заказ".

Покупайте Ваши книги на
www.ljubljuknigi.ru

Buy your books fast and straightforward online - at one of the world's fastest growing online book stores! Environmentally sound due to Print-on-Demand technologies.

Buy your books online at
www.ljubljuknigi.ru

OmniScriptum Marketing DEU GmbH
Heinrich-Böcking-Str. 6-8
D - 66121 Saarbrücken
Telefax: +49 681 93 81 567-9

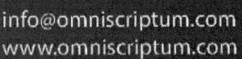

info@omniscriptum.com
www.omniscriptum.com

Printed by Books on Demand GmbH, Norderstedt / Germany